KB058383

이런 철학은
처음이야

이런 철학은
처음이야

박찬국(서울대 철학과 교수) 지음

흔들리는 10대,
철학에서 인생 멘토를 찾다

21세기북스

철학이 어렵고 낯설게 느껴지나요?

철학은 여러분에게는 낯선 학문일 겁니다. 그러나 조금만 생각해보면 철학은 우리 삶 가까이에 있습니다. 우리는 일상에서도 철학적인 논쟁을 많이 합니다.

기억을 더듬어보세요. 여러분은 신이 있느냐 없느냐 하는 문제를 한 번쯤은 생각해보았을 겁니다. 혹은 '왜 사람들은 서로 미워하고 다투고 심지어는 전쟁까지 하는가'라는 고민을 해보았을 수도 있습니다. 바로 그런 문제에 대해서 생각하는 것이 철학을 하는 것이지요.

'내가 집에서 키우는 개와 나는 다른 존재인가? 다르다면 어떤 점에서 차이가 있는 거지?'라는 의문을 품어보았을 수도 있습니다. 혹은 그런 문제에 대해서 친구들과 논쟁해본 적도 있을 테고요. 이런 문제도 철학에서는 매우 중요하게 다루어지는 것들입니다. 따라서 철학이란 학문은 낯선 학문이 아니라 여러분이 알게 모르게 이미 하고 있는 학문입니다.

철학이 다루는 문제는 사실상 우리가 이미 그 답을 알고 있다고 생각하는 것들입니다. 임마누엘 칸트라는 이름을 여러분도 한 번쯤은 들어보셨을 겁니다. 독일의 위대한 철학자 칸트는 철학의 모든 문제는 결국 '인간이란 어떤 존재인가'라는 문제로 되돌아간다고 말했습니다. 그런데 우리는 '인간이 무엇인지'를 이미 알고 있습니다. 인간이 무엇인지, 다른 동물과는 어떻게 다른지 알고 있지요. 우리는 개와 인간을 구별할 수 있기에 결코 개를 인간이라 부르지 않습니다.

철학이 다루는 중요한 문제 중 하나인 '행복이란 무엇인가'에 대해서도 마찬가지입니다. 누구나 행복이 무엇인지 이미 잘 알고 있습니다. 그래서 자신이 행복하다거나 또는 행복하지 않다고 자신 있게 말할 수 있습니다.

그렇지만 막상 "그래, 인간이 어떤 존재인데?"라고 물어보면 답하기가 쉽지 않습니다. '인간이란 어떤 존재인가'라는 것을 조금 다른 방식으로 물어볼 수도 있습니다. '인간은 자신이 키우는 개와 다른가, 다르지 않은가', '인공지능은 인간과 다른가,

다르지 않은가'와 같이 물어볼 수도 있습니다.

하지만 이러한 물음에 대해서도 역시 답하기 쉽지 않습니다. 철학이란 학문은 바로 이러한 물음들에 대해서 본격적으로 연구하는 학문입니다.

앞서 말한 것처럼 우리는 철학적 물음들에 대해서 분명하지는 않지만 나름대로의 의견을 이미 갖고 있습니다. 이런 점에서 보면 우리는 이미 철학자입니다. 따라서 다른 학문들과 달리 철학이 다루는 문제들은 철학에 대한 깊은 지식이 없다 해도 함께 토론할 수 있습니다.

제가 대학에서 하는 강의 중에 '신입생 세미나'라는 것이 있습니다. 이 강의에는 15명 정도의 1학년 학생들만 참여합니다. 저는 이 학생들에게 어떤 책을 미리 읽어오라는 말조차 하지 않습니다. 학생들이 갖고 있는 지식만으로도 철학적인 문제에 대해 충분히 토론할 수 있다고 생각하기 때문이에요.

강의에서는 이 책에서 다루는 '인간이란 어떤 존재인가', '행복이란 무엇인가', '종교란 무엇인가', '자본주의를 어떻게 볼 것인가'라는 주제를 중심으로 토론을 하지요. 대부분 거의 모든 학생이 활발하게 참여해 훌륭한 토론이 진행됩니다.

그래서 이런 이야기를 미리 해주고 싶어요. 여러분에게 철학이 낯선 학문이라고 해서 미리 겁을 먹을 필요는 없다는 것을 요. 이 책의 내용을 제대로 이해할 수 있을까 하는 걱정일랑 안 하셔도 됩니다. 관심을 갖고 이 책을 펼친 사람이라면 그 누구라도 이해할 수 있습니다. 여러분은 이미 철학자니까요.

2023년 3월
박찬국

Contents

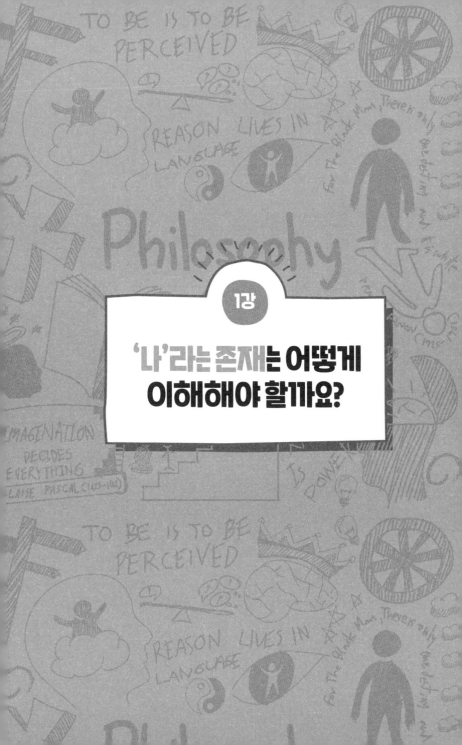

1강

'나'라는 존재는 어떻게 이해해야 할까요?

로댕의 '생각하는 사람'이
무엇을 생각하는지 궁금해요!

여러분은 유명한 조각가 오귀스트 로댕의 '생각하는 사람'을 본 적이 있을 겁니다. 보통은 조각 실물이 아니라 사진만 보았을 테지요. 하지만 실물이 아니더라도 우리는 그 작품을 보면서 감동을 받습니다. '생각하는 사람'은 한 남자가 턱을 괴고 앉아 생각에 잠긴 단순한 모습입니다. 어찌 보면 평범한 이 조각상을 보고 우리는 왜 그토록 깊은 감동을 받는 것일까요?

　로댕의 '생각하는 사람'을 자세히 보면 표정은 물론이고 몸 전체에서 진지함이 풍겨 나옵니다. 머리로만 생각하는 것이 아니라 온몸으로 생각하는 것처럼 보이지요. 그는 도대체 무슨 생각을 그렇게 골똘히 하고 있을까요? 어떻게 하면 돈을 더

오귀스트 로댕 〈생각하는 사람〉

많이 벌지 고민하는 걸까요? 아니면 어떻게 해야 좋은 직장에
취직할 수 있는지 생각하는 걸까요?

사실 우리는 그가 무슨 생각을 하고 있는지 알 수 없습니다.
하지만 저는 그가 돈이나 취직보다는 더 근본적인 것을
생각하고 있는 것처럼 보입니다. 그동안 살아온 삶을 돌이켜
보면서 앞으로 어떻게 살 것인지를 고민하는 것은 아닐까요?
제가 보기에, 그는 어떻게 사는 것이 가장 의미 있고 진정으로
행복하게 사는 것인지를 고뇌하는 것 같습니다.

물론 돈을 많이 벌고 좋은 직장에 취직하는 것이 중요하지

않다는 뜻은 아니에요. 다만 '어떻게 하면 돈을 많이 벌고 좋은 직장에 취직할 것인가'를 묻기 전에 더 먼저 물어야 할 것이 있다고 생각해요. '왜 돈을 많이 벌어야 하고 좋은 직장에 취직해야 하는가'라는 질문입니다. '과연 많은 돈과 좋은 직장이 좋은 삶을 보장하는가'라고 물어야 하는 겁니다.

좋은 삶이란 우리가 참으로 만족할 수 있는 삶입니다. 돈이 많은 사람이나 좋은 직장에 다니는 사람이 그렇지 않은 사람보다 자신의 삶에 만족할 수 있는 유리한 조건을 갖추고 있는 것은 사실이지요. 그렇다고 해서 그런 사람들이 반드시 자기 삶에 만족하고 있다는 뜻은 아닙니다.

현대인들은 옛날 사람들이 상상도 할 수 없었던 물질적인 풍요를 누리고 있습니다. 하지만 이러한 풍요 이면에는 그림자가 있지요. 많은 사람이 게임, 마약, 알코올 등의 중독에 빠져 있습니다. 그뿐 아니에요. 우울증이나 불안장애를 겪는 사람도 많고 심한 경우에는 극단적인 선택을 하기도 합니다.

로댕의 '생각하는 사람'은 이런 생각을 하고 있을 것 같습니다. 왜 우리는 물질적으로 풍요로운데도 행복하지 않은 걸까? 어떻게 해야 참으로 만족하는 좋은 삶을 살 것인가? 우리는 보통 시험이나 과제에 쫓기고 갖가지 오락에 빠져 있기 때문에 이런 생각을 잘 하지 않습니다. 그러나 우리 마음 깊숙한 곳에는 로댕의 '생각하는 사람'이 깃들어 있습니다.

로댕의 '생각하는 사람'을 볼 때 우리는 자신도 모르게 진지해집니다. '생각하는 사람'에게서 풍겨오는 진지한 분위기에 휩싸이는 것이지요. 그리고 우리는 자신도 모르게 자신 속에 숨어 있던 '생각하는 사람'이 됩니다.

인간은 어떻게 살 것인가를 고민하는 동물입니다. 독일의 철학자 마르틴 하이데거는 인간의 이러한 독특한 존재 방식을 '실존'이라고 불렀지요. 이런 의미에서 우리는 인간을 '실존적 존재'라고 부를 수 있습니다. 로댕의 '생각하는 사람'은 인간이 실존적 존재라는 사실을 잘 보여주는 작품입니다.

실존한다는 것의 의미

레프 톨스토이의 소설 『이반 일리치의 죽음』은 인간의 실존적 성격을 가장 잘 보여줍니다.

이반 일리치는 유능한 판사였습니다. 그는 예의 바르고 친절하고 명랑해 모든 사람에게 인기가 있었지요. 그러던 어느 날 그는 불치병에 걸리게 됩니다. 이반 일리치는 고통이 심해지고 죽음이 다가오는 것을 느끼면서 절망에 빠지지요. 그러나 아내와 딸을 비롯해 사람들은 그의 고통과 죽음에 대해서 아무런 관심도 보이지 않고 즐겁게 살아갑니다. 그는 이들에게 강한 시기와 분노를 느낍니다.

그에게 위로가 되었던 사람은 그의 집안을 돌보던 농부 게라심뿐이었지요. 항상 명랑하고 평온한 표정의 게라심은 그를 기쁜 마음으로 돌보았습니다. 게라심은 일리치에게 이렇게 말합니다.

"우리는 모두 언젠가는 죽을 운명에 있습죠. 그렇다면 제가 나리께 봉사하지 못할 까닭이 어디 있겠습니까?"

이반 일리치는 죽음을 눈앞에 두고 자신의 과거를 되돌아봅니다. 그는 자신이 관심을 가졌던 것은 부와 명예뿐이었다는 사실을 깨닫습니다. 그리고 죽음과 함께 사라질 것들에 그동안 자신의 삶을 허비했다고 느끼게 되지요.

"지금까지 내내 나는 산을 오르고 있다고 생각했지만 사실은 산을 내려가고 있었다. 사람들의 눈에는 내가 산을 오르는 것으로 보였겠지. 그러나 내 삶은 사실 항상 발아래로 미끄러져 내려가고 있었을 뿐이었다. (…) 그리고 이제 벌써 (…) 죽음이야!"

이러한 후회와 함께 그는 자신의 삶을 참회하면서 아내에게도 용서를 빕니다. 그는 아내와 딸이 가엽게 느껴집니다. 그리고 그들의 고통을 덜어주려 노력하지요. 이와 함께 고통과 죽음에 대한 공포는 사라지고 이반 일리치는 죽음 대신 광명을 발견합니다. 그는 자기 영혼의 목소리가 '그래, 이제 죽음은 끝났다!'라고 말하는 것을 듣지요.

이반 일리치가 죽었다는 말을 들었을 때 그와 함께 근무하던 동료 판사들은 어땠을까요? 그의 죽음을 애도하기보다는 그의 빈 자리로 인해 생겨날 승진 기회와 봉급 인상 등을 계산하기에 바쁩니다. 사람들은 '죽은 사람은 이반이지 내가 아니잖아'라고 생각합니다. '나는 이렇게 살아 있어'라고 말이죠.

이반 일리치처럼 우리 인간은 죽음을 눈앞에 두거나 죽음을 생각하면서 '참된 삶이라는 것은 무엇인가'라고 물을 수 있는 존재입니다. 동물에게서는 볼 수 없고 인간에게만 존재하는 이러한 특성을 하이데거는 실존이라고 부릅니다.

그러나 우리는 대개 부와 명예처럼 사회가 일반적으로 가치 있다고 생각하는 것들을 맹목적으로 추구하는 삶을 삽니다. 이러한 삶의 방식을 하이데거는 '비본래적 실존'이라고 부릅니다. 이반 일리치도 원래는 비본래적 실존의 삶을 살았습니다. 불치병에 걸리고 죽음이 다가오는 것을 느끼면서 비로소 그는 '참된 삶이란 무엇인가'를 생각하게 된 것이죠. 이러한 계기로 자신의 과거를 반성하면서 사람들과 사물들을 진심으로 사랑하는 삶을 살려고 결심하지요. 이렇게 사람들과 사물들에 대한 사랑을 구현하는 삶을 하이데거는 '본래적 실존'이라고 부릅니다.

철학을 잘 모르는 나도
철학을 할 수 있나요?

'어떻게 하면 돈을 벌 수 있나' 하는 것만을 고민하는 사람은 삶을 어떻게 생각할까요? 아마도 '돈을 많이 버는 삶이 좋은 삶'이라고 생각할 겁니다.

그런데 우리는 이러한 생각을 당연한 것으로 받아들이기 전에 과연 그 생각이 옳은지 의문을 제기해야 합니다. 돈을 많이 버는 것이 좋은 삶을 보장하는지, 좋은 삶이란 무엇인지 등을 물어봐야 하는 것이죠. 이렇게 당연한 진리로 전제하는 것들이 과연 참인지를 캐묻는 것이 철학입니다.

앞서 인간은 어떻게 살 것인지, 어떤 삶이 좋은 삶인지를 고민하는 존재임을 살펴보았습니다. 그런 면 때문에 인간을 실존적 존재라고 불렀고요. 인간이 실존적 존재라는 것은 인간이 철학적 존재라는 것을 의미합니다. 어떤 삶이 과연 좋은 삶인지를 묻는 것이야말로 가장 철학적인 물음이기 때문입니다. 인간이 철학적 존재이기에 철학이야말로 모든 학문 중에서 우리 삶과 가장 가까운 학문이라고 할 수 있지요.

우리는 보통 부와 명예를 이룬 삶을 좋은 삶이라고 생각하는 경향이 있습니다. 그런데 부나 명예 같은 것들은 경쟁적인 가치입니다. 다시 말해서 다른 사람들과 경쟁해서 쟁취해야 하는 가치들이지요. 따라서 이러한 가치들을 추구하다 보면 우리는 자신보다 우월해 보이는 사람들에 대한 시기심이나 증오에 사로잡히기 쉽습니다.

『불경』이나 『신약성서』, 공자나 플라톤의 책 같은 철학의 고전들은 이렇게 타인들에 대한 시기심이나 증오에 사로잡혀 있는 우리의 삶과는 전혀 다른 삶의 모습을 좋은 삶으로 제시합니다. 부처든 예수든 공자든 플라톤이든 그 누구도 부와 명예를 추구하지 않았고 소유한 것이 거의 없었습니다. 그럼에도 이들은 자신보다 더 많이 가진 사람들을 시기하지 않았으며 정신적인 평안과 충만함을 누렸지요.

우리는 이들의 삶과 사상을 접하면서 새로운 삶을 살겠다는 결심을 하게 되지요. 철학의 고전들은 우리가 보통 좋은 삶이라고 생각하는 것과는 전혀 다른 삶을 좋은 삶으로 제시합니다. 이렇게 철학은 우리가 당연하게 여기는 것에 의문을 품게 하면서 근본적으로 다시 생각하도록 만듭니다.

어릴 적에 우리는 부모가 믿는 종교를 따라서 믿는 경우가 많습니다. 그러면서 우리가 기도하면 귀를 기울여주는 신이 있다고 생각하지요. 이 신을 어떻게 하면 더 잘 믿을 수 있을지를 고민합니다. 그런데 이런 고민을 하기 전에 더 근본적인 고민이 필요하지 않을까요?

과연 이런 신이 있는지에 대해 의문을 품는 것입니다. 더 나아가 자신이 믿는 종교가 참된 종교인지에 대해서도 의문을 품을 수 있어요. 그리고 참된 종교란 무엇인지에 대해서 질문을 던질 수 있습니다. 이러한 질문을 던지고 고민하는 순간 우리는 철학자가 됩니다.

우리는 보통 **감각적인 쾌감**을 느끼는 것을 행복이라고 생각합니다. 평소 먹고 싶었던 음식을 먹을 때, 신나게 게임할 때 우리는 행복하다고 생각합니다. 그런데 이것이 과연 참된 행복인지 스스로 의문을 품고 질문할 때 우리는 철학자가

눈이나 귀 그리고 혀 등을 통해 감각이 즐거움을 느끼는 것

됩니다.

철학은 일상적인 삶에서 불쑥불쑥 우리를 찾아옵니다. 우리는 그동안 당연하게 여겨왔던 것에 어느 순간 의심을 품으면서 근본적인 질문에 사로잡히지요. 이렇게 스스로 질문하고 다시 생각하면서 캐물어가는 것이 바로 철학입니다.

내 자아는 내가 만드는 대로
달라질 수 있나요?

인간은 '어떻게 살 것인가'를 고민하는 동물입니다. 이는 인간이 어떤 고정된 존재가 아니라 스스로 자기 자신을 형성해나가는 존재임을 의미합니다. 다른 동물과는 달리 인간은 자기 자신을 반성하면서 자신의 잘못된 습관과 성격을 고쳐나갈 수 있습니다. 물론 자신의 습관과 성격을 고치는 것은 쉽지 않습니다. 따라서 우리는 잘못을 반복하면서 '나란 놈은 왜 항상 이럴까'라고 자책하곤 합니다. 저 역시 이런 자책을 많이 했습니다. 그만 놀고 공부를 해야 한다고 생각하면서도 계속해서 놀다가 후회하곤 했지요. 이러한 후회는 고통스러운 감정입니다. 그러나 우리가 후회할 수 있다는 것은 우리가 자기 자신을 바람직한 존재로 만들어나갈 수 있음을 의미하기도 합니다. 후회하기 때문에 그런 잘못을 범하지 않으려고 노력할 수도 있지요.

우리는 흔히 '나'라는 어떤 고정된 존재가 있고 이 '나'가 이런저런 생각도 하고 행동도 한다고 여깁니다. 이 '나'는 '자아'라고도 불립니다. 그러나 앞에서 본 것처럼 우리가 자기 자신을 변화시킬 수 있다면 이걸 거꾸로도 생각할 수 있을 겁니다. 어쩌면 우리는 생각과 행동을 통해서 나 자신을, 곧 자아를 만들어가는 것은 아닐까요? 선한 생각과 행동을 반복하면 우리는 선한 나, 곧 선한 자아가 됩니다. 반대로 악한 생각과 행동을 반복하면 우리는 악한 자아가 되겠지요.

사람들의 삶은 참으로 다양합니다. 어떤 사람은 정직하고 선한 삶을 살고, 어떤 사람은 연쇄살인마나 악독한 독재자 히틀러 같은 흉악한 삶을 삽니다. 어떤 사람은 가진 게 별로 없어도 자신의 삶에 감사하면서 행복하게 삽니다. 이에 반해 어떤 사람은 많은 것을 갖고 있음에도 자신의 삶에 불만을 품으면서 불행하게 삽니다.

우리의 삶은 고정되어 있지 않습니다. 우리의 의지와 노력으로 변화시킬 수 있고 만들어갈 수 있습니다. 이 점이 인간의 삶이 식물이나 동물의 삶과 다른 점입니다.

여러분은 '너 자신을 알라'라는 말을 한 번쯤은 들어봤을 겁니다. 이 말은 소크라테스가 한 말로 알려져 있습니다. 하지만 사실은 '델포이'라는 그리스 도시에 있던 아폴론 신전의 현관 기둥에 새겨져 있던 문구였습니다. 소크라테스가 살던 시대의 아테네인이라면 누구나 알고 있었을 만큼 유명한 말이었지요.

이 문구는 원래 인간은 자신의 유한함을 알아야 하며 신의 권위에 함부로 도전해서는 안 된다는 의미를 지니고 있습니다. 그러나 시간이 흐르면서 '너 자신의 참된 자아를 알라'라는 의미로 이해되고 있지요. 소크라테스도 인간에게는 실현해야 할 '참된 자아'가 있다고 생각했습니다. 소크라테스는 참된 자아의 의미를 어떻게 생각했을까요? 이성적인 사고를 통해서 자신의 탐욕이나 무분별한 분노 같은 불합리한 욕망이나 감정을 어렵지 않게 다스릴 수 있는 자아라고 생각했습니다.

우리는 탐욕에 쉽게 사로잡히곤 합니다. 뷔페식당에 가서는 욕심껏 음식을 담습니다. 더 먹다가는 배탈이 날 것임을 예상하면서도 식탐을 이기지 못하고 과식을 하지요. 계속 놀기만 하다가는 시험을 망칠 거라고 걱정하면서도 놀이에 빠집니다. 이와 반대로 이성적인 인간은 자신의 욕망이나 감정을 잘

자크 다비드 〈소크라테스의 죽음〉

통제하는 인간입니다.

소크라테스는 젊은이들을 잘못된 길로 유도한다는 그릇된 죄명으로 사형에 처해졌습니다. 그는 독약을 먹고 죽어가는 순간에도 죽음에 대한 공포에 사로잡히지 않았습니다. 침착하고 의연하게 자기 주위에 있는 사람들을 위로하면서 죽어갔습니다.

함께 생각하기

우리는 이성적인 사고로 감정이나 욕망을 절제하면서 참된 자아를 찾아가고 싶어 합니다. 하지만 감정이나 욕망이 쉽게 제어되지 않을 때가 많지요. 이럴 때는 어떤 방법으로 감정과 욕망을 제어해야 할까요? 구체적인 실천 방법을 고민해봅시다.

존경하는 사람을 닮으려 노력하면 저도 달라질 수 있을까요?

독일의 철학자 프리드리히 니체는 이렇게 말한 적이 있습니다.

"어떻게 인간이 자기 자신을 알 수 있는가? (…) 젊은 영혼은 다음과 같은 물음을 던지면서 삶을 되돌아보아야 한다. 지금까지 너는 무엇을 진정으로 사랑했는가? 무엇이 너의 영혼을 높이 끌어올렸는가? 무엇이 너의 영혼을 지배했으며, 또한 축복했는가? 그리고 그것들을 (…) 네 앞에 세워 놓아라. 그러면 그것들은 너에게 (…) 너의 진정한 자아의 근본법칙을 보여줄 것이다. 왜냐하면 너의 진정한 본질은 네 안에 깊이 묻혀 있는 것이 아니라 (…) 네 위로 측량할 수 없이 높은 곳에 있기 때문이다."

니체 역시 소크라테스와 비슷한 이야기를 전하고 있습니다. 우리의 참된 자아는 우리가 추구하는 '이상적인 자아'라고 말이지요. 그리고 니체는 이상적인 자아가 무엇인지를 알고 싶으면 자신이 교육자로 삼을 만한 사람의 모습을 떠올려보라고 말합니다. 우리의 영혼을 끌어올리는 사람, 다시 말해 우리가 존경하는 사람에 게서 자신의 참된 자아를 발견할 수 있다는 겁니다.

여러분에게는 존경하고 본받고 싶은 사람이 있나요? 존경하고 본받고 싶은 사람이 있다는 것은 좋은 일입니다. 그런 사람은 자신의 삶이 나아가야 할 방향을 알고 있으니까요. 인간은 아무런 이유도 없이 태어나서 아무런 의미도 목적도 없이 흘러가는 삶을 살 뿐이라고 생각할 수도 있습니다. 이런 사고방식은 '허무주의'라고 불립니다.

저는 고등학생 시절에 이런 허무주의에 빠진 적이 있습니다. 허무주의에 빠진 삶은 참으로 괴롭습니다. 왜냐하면 이런 삶에는 에너지를 모으고 발산할 수 있는 방향도 목표도 없기 때문이지요.

우리는 삶의 에너지를 갖고 있으며, 이 에너지를 어떻게든 의미 있게 표현하고 싶어 하는 욕망이 있습니다. 그러나 허무주의자는 모든 것이 무의미하다고 생각하기 때문에 자신의 에너지를 발산할 곳을 찾지 못합니다. 설령 어떤 일을 하면서 에너지를 발산하더라도 그 일이 사실은 아무런 의미도 없다고 생각합니다. 그래서 아무런 보람도 기쁨도 느끼지 못하지요. 이런 의미에서 니체는 허무주의에 빠져 있는 상태야말로 인간이 가장 견디기 어려운 고통이라고 말했습니다.

여러분도 주위에 존경하는 사람이 있겠지요. 존경하는 사람이 꼭 한 명일 필요는 없습니다. 이 사람은 매사에 성실하고 열심이기 때문에 존경할 만하고, 저 사람은 어떤 상황에서도 침착하고 여유가 있어서 존경할 만할 수 있습니다. 이들이 지닌 존경할 만한 점을 우리 스스로 실현하려고 노력하는 것이 중요합니다. 그 사람들의 모습을 닮고자 하고 그 모습 가까이 다가갈 때, 우리의 자아 역시 존경할 만한 자아가 될 겁니다.

우리의 자아가 변해가듯이 우리가 존경하는 대상도 계속해서 달라집니다. 저도 어렸을 때는 이순신 장군이나 안중근 의사처럼 교과서에 실린 위인들을 존경했습니다. 물론 지금도 그분들을 존경합니다. 나라가 위태로워지면 저 역시 나라를 위해서 희생할 수 있는 인간이 되고 싶습니다. 그렇지만 지금 제가 가장 닮고 싶은 사람은 부처처럼 탐욕과 분노에서 벗어난 사람입니다.

탐욕과 분노는 밀접한 연관이 있습니다. 탐욕에 눈이 멀면 우리는 분노에 사로잡히기 쉽습니다. 세상은 우리 욕망대로 되지 않는 경우가 많습니다. 우리의 욕망 충족을 방해하는 것들이 항상 생기게 마련이지요. 그러면 우리는 이 방해하는 것들에 대해서 분노를 느끼게 됩니다. 욕망이 클수록 우리를 방해하는 것들도 더 많이 생길 겁니다. 따라서 욕망이 큰 사람은 분노에 더 자주 사로잡히기 쉽지요.

예를 들어 내가 식당을 차려서 돈을 벌고 있는데 옆에 새로운 식당이 생겼다고 해봅시다. 내 손님이었던 사람들을 그 식당에 뺏겼다면 어떨까요? 내가 별로 욕심이 없는 사람이라면 '저 식당 주인도 먹고살아야 한다'고 생각하면서 그다지 분노를 느끼지 않을 겁니다. 이에 반해 내가 욕심이 많은 사람이라면 화가 나겠지요. 더 큰돈을 벌 수 있는데 그 식당이 방해하니까요. 탐욕과 분노는 자기 자신도 힘들게 하지만 남들도 힘들게 합니다.

공부를 예로 들어 좀 더 살펴봅시다. 공부할 때 다른 건 생각지 않고 오로지 일등을 하고야 말겠다는 탐욕만 가득하다면 어떨까요? 먼저 자신이 힘들어집니다. 오로지 1등을 하는 것이 목표였으니 1등을 못할 경우 자책하면서 자신에 대한 혐오감에 사로잡히기 쉽지요.

친구들과의 관계는 어떻게 될까요? 친구들도 모두 자신의 경쟁자로 볼 것이니 친구들과의 관계도 좋을 리 없습니다. 따라서 공부를 하더라도 1등을 하겠다는 탐욕에 사로잡히지 않아야 합니다. 그보다는 새로운 것을 알아가는 재미, 배움의 즐거움을 느끼면서 공부의 이치를 터득하는 것이 중요합니다.

오랜 세월 살다 보니 탐욕과 분노, 시기심에서 벗어난 사람이 훌륭한 사람이라는 깨달음을 얻었습니다. 이런 이들은 자기 자신뿐 아니라 남들도 편하게 해주더군요. 물론 이는 제 생각일 뿐입니다. 사람들은 각자가 처한 상황, 연령대, 또 성격이나 가치관에 따라서 존경할 만한 사람이 달라집니다. 따라서 정해진 하나의 답이 아니라 각자의 답이 있는 것이지요. 여러분이 존경하는 사람은 누구인지 궁금하네요.

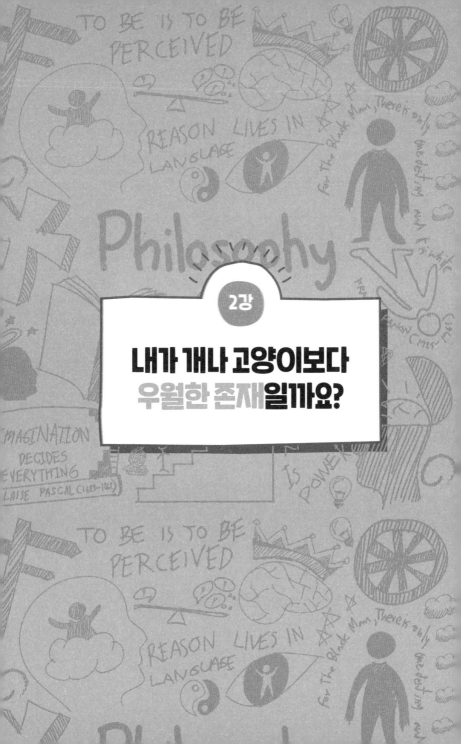

2강

내가 개나 고양이보다
우월한 존재일까요?

인간은 신에 의해 만들어진
특별한 존재인가요?

동양에서는 인간을 만물의 영장靈長이라고 부릅니다. 원숭이처럼 어느 정도의 지능을 갖춘 동물을 '영장류'라고 부르지요. 인간을 만물의 영장이라고 하는 것은 지구상에 존재하는 생명체 중에서 인간이 지능을 비롯한 정신적인 능력이 가장 뛰어나다는 것을 의미합니다.

　기독교에서도 인간은 하느님이 만든 가장 고귀한 피조물로 여겨집니다. 기독교에 따르면 인간은 신의 형상대로 만들어졌습니다. 인간이 신의 형상대로 만들어졌으니 신도 인간의 형상과 같다고 해야겠지요.

　인간을 만물의 영장이라고 보는 것과 인간이 신의 형상을 따라서 만들어졌다고 보는 것에는 공통점이 있습니다. 인간을 다른 동물보다 우월한 존재로 본다는 점이지요. 이러한 견해를 철학에서는 '인간중심주의'라고 일컫습니다.

과학이 놀라운 발전을 이루면서 이러한 인간중심주의는 위협을 받게 됩니다. 왜냐하면 과학은 인간이 동물보다 우월하다고 보지 않기 때문이지요.

과학으로 설명하자면 인간은 신에 의해서 특별한 존재로 만들어지지 않았습니다. 그저 진화과정에서 우연히 생성된 것에 불과합니다. 우연히 생성됐으니 불현듯 사라질 수도 있습니다. 진화과정에서 공룡이 사멸했듯이 인류도 어느 순간 그렇게 사멸할 수 있다는 뜻이지요.

여러분도 최근에 혹심한 가뭄과 폭우가 지구 곳곳에서 일어나고, 빙하가 녹고 해수면이 상승한다는 소식을 들었겠지요. 이런 기후위기에 대한 소식을 접하면서 인류가 멸망할지도 모른다는 두려움을 느꼈을 겁니다.

이러한 사실을 생각하면, 우리 인간이 자신을 만물의 영장이라고 으스대는 것이 얼마나 우스운 일인가 싶습니다. 인간은 자신을 가장 뛰어난 존재라고 생각하면서 자연이 마치 자신을 위해 존재하는 것처럼 착각하곤 합니다. 그러나 인간도 자연의 일부에 불과합니다. 따라서 인간이 자연을 망치면 더불어 인류의 삶도 위태로워지지요.

 함께 생각하기

거대한 자연 앞에 서면 인간이 작고 보잘것없는 존재라는 느낌이 들곤 하죠. 인간이 만물의 영장이며 우월한 존재가 아니라는 느낌을 받았던 적이 있나요? 언제, 왜 그런 느낌을 받았는지 개인적인 경험을 되살려 생각해봅시다.

우주적 관점에서 보면
인간은 티끌 같은 존재일까요?

우리의 시야를 최대한으로 넓혀 우주적으로 생각해봅시다. 지구는 끝없는 우주 안의 조그마한 행성에 불과합니다. 우주에 비하면 우리가 살고 있는 지구는 하나의 티끌일 뿐이지요. 그 지구에서 살고 있는 인간은 지구라는 티끌 속의 티끌에 불과합니다. 이렇게 티끌 같은 존재이면서도 인간은 자신을 여전히 우주의 중심으로 생각하는 경향이 있습니다. 대부분의 종교는 여전히 지구와 인간을 우주의 중심으로 보고 있지요.

전 세계적으로 기독교와 이슬람교 신자가 상당히 많습니다. 그런데 이들은 자신들이 믿는 신이 우주를 창조한 신이라고 주장합니다. 그러나 기독교의 경전인 『성서』나 이슬람교의 경전인 『코란』을 보면 신은 다른 별들에게는 관심이 없고 오직 지구에만 관심이 있는 것 같습니다. 더불어 다른 동물이나 식물에도 관심이 없고 오직 인간에게만 관심이 있는 것처럼 보입니다. 다른 동물이나 식물은 인간의 생존을 위한 도구 정도로 취급되고 있으니 말이지요. 심지어 기독교에서는 신이 인류를 특별히 사랑해 자신의 유일한 아들인 예수를 보내주었다고 합니다. 이슬람교도 마찬가지예요. 신의 말씀을 직접 인간에게 전한 마호메트라는 예언자를 보내주었다고 합니다.

과학이 고도로 발달한 오늘날에도 많은 사람이 기독교나 이슬람교를 믿습니다. 심지어 물리학자들마저도 이런 종교를 믿으면서 우주를 창조한 하느님의 위대한 영광을 기립니다.

여기서는 '이러한 신이 참으로 존재하는지 아닌지'라는 문제를 다루려는 게 아닙니다. 이 문제는 나중에 다시 다루어보겠습니다. 여기서는 이런 종교들이 당연한 것으로 전제하고 있는 '인간중심주의'에 초점을 맞춰 이야기하려 합니다.

저는 이런 종교들이 당연하게 생각하는 인간중심주의가 터무니없다고 생각합니다. 인간중심주의는 태양이 지구를 중심으로 돈다고 생각하는 천동설만큼이나 터무니가 없습니다. 도대체 왜 종교들은 우주 속의 티끌에 불과한 지구에 대해서 신이 그토록 특별한 관심을 쏟는다고 여기는 것일까요?

이에 대해 많은 종교인은 인간이 신과 소통할 수 있는 고귀한 영혼을 갖고 있기 때문이라고 말합니다. 이렇게 고귀한 영혼을 갖고 있기에 신이 인간에게 특별히 관심을 갖는 동시에 그 인간이 사는 지구에도 특별한 관심을 갖는다는 겁니다. 과연 그럴까요? 정말 이런 이유 때문에 신이 인간과 지구에 관심을 갖는 것인지 의문입니다.

그러나 그 전에 더 중요한 궁금증이 있습니다. 인간에게 과연 그렇게 고귀한 영혼이 존재하는지에 대해서 우리는 의문을 가져볼 수 있습니다.

악행을 저지르는 인간보다
개가 더 도덕적이지 않나요?

여러분이 키우는 강아지에게는 영혼이 있을까요, 없을까요? 아니면 강아지도 영혼이 있긴 하지만 인간의 영혼처럼 고귀하지 않은 것일까요? 인간에게는 정말로 고귀한 영혼이 있을까요? 그렇다면 그 증거는 무엇일까요? 흔히 제시하는 증거는 인간이 선한 생각을 하고 선한 행동을 한다는 겁니다.

　물론 인간이 선한 생각도 하고 선한 행동도 한다는 것은 사실입니다. 그러나 인간이 다른 동물들에 대해서 행하는 살생을 한번 생각해보세요. 다른 동물이 인간에게 끼치는 해와 비교해보면 그 차이를 알 수 있지요. 이런 점을 볼 때 과연 인간의 영혼이 동물의 영혼보다 더 선하다고 할 수 있을지 의문입니다.

인간은 오늘도 엄청난 수의 동물들을 도살했습니다. 인간은 다른 동물들만 도살하는 것이 아닙니다. 같은 종족인 인간도 살해합니다. 자신보다 약해 보이는 민족을 무자비하게 침략해 수많은 사람을 살해하는 일은 여전히 일어나고 있습니다.

신을 믿는 자들이 저지른 악행도 이루 말할 수가 없습니다. 기독교인들은 아프리카 원주민들이나 아메리카 인디언들을 고귀한 영혼이 없는 자들로 여겼습니다. 자신들과는 다른 존재라고 본 것이지요. 이런 이유로 그들은 아무런 양심의 가책도 느끼지 않고 아프리카 흑인들을 자신들의 노예로 만들었습니다. 그리고 노예들이 반항하면 나치들이 유대인들을 학살했던 것처럼 무자비하게 그들을 학살했습니다.

이들은 기독교를 믿지 않는 나라의 사람들만 학살한 것이 아닙니다. 자신들의 이익에 방해가 된다고 여겨지면 기독교를 믿는 다른 나라의 사람들도 학살했습니다. 1차 세계대전과 2차 세계대전 때 서로 싸웠던 사람들의 대다수가 기독교 신자였습니다. 이들은 예수의 이름으로 다른 나라의 국민들에게 포탄을 쏟아부었지요.

인간에게 고귀한 영혼이 있다고 주장하는 종교가, 그리고 그 종교를 믿는 이들이 저지른 악행을 어떻게 봐야 할까요? 이런 것을 보고 있자면 과연 인간에게 고귀한 영혼이 있는지 의문이 듭니다. 만약 고귀한 영혼이라는 것이 정말로 있다면 오히려 우리가 키우는 강아지의 영혼이 더 고귀할 것 같습니다.

인간은 아무리 많은 것을 가져도 더 많이 갖고 싶어 합니다. 우리의 욕망은 한이 없습니다. 이렇게 한없는 욕망을 채우기 위해서 인간들은 끊임없이 싸우고 서로를 죽입니다. 이에 반해 강아지는 추위와 더위를 피할 수 있고 배만 채우면 만족합니다. 큰 욕심을 부리지 않고 그저 재미있게 뛰어놉니다.

강아지나 돼지 그리고 소가 인간보다 훨씬 선하다는 것을 부인하기는 어려워 보입니다. 돼지나 소는 인간을 위해서 희생만 합니다. 인간은 물론이고 다른 동물들에게도 해를 끼치지 않지요. 이런 점들을 생각해보면 인간이 아니라 다른 동물들에게 고귀한 영혼이 있음을 인정해야만 할 것 같습니다. 그리고 만일 신이 존재하고 그 신이 선한 존재라면, 인간이 아니라 오히려 동물들과 더 소통을 잘할 것 같지 않나요?

니체의 책 『차라투스트라는 이렇게 말했다』에는 '자진해서 거지가 된 자'라는 제목의 장이 있습니다. 거기에도 지금 제가 말하는 것과 비슷한 내용의 우화가 나옵니다. 그 내용을 함께 살펴봅시다.

어떤 부자 청년이 아무리 많은 재산을 가져도 만족하지 못하는 부자들의 탐욕에 환멸을 느끼게 됩니다. 결국 그는 자기가 가진 재산을 다 버리고 거지가 되었습니다. 그 후 청년은 가난한 사람들을 찾아갑니다. 가난한 사람들은 탐욕에서 벗어난 순수한 영혼을 갖고 있을 거라 기대했기 때문입니다. 청년이 가난한 사람들 속에서 보고 싶었던 것은 예수나 부처처럼 아무것도 소유하지 않았음에도 평온한 마음이었습니다.

그러나 청년은 가난한 사람들에게도 곧 실망하게 됩니다. 가난한 사람들은 자신들이 가난하게 사는 것은 부자들이 자신들을 착취하기 때문이라고 생각하면서 부자들에 대한 원한에 사로잡혀 있었기 때문입니다. 청년이 가난한 사람들에게서 발견한 것은 탐욕에서 벗어난 맑은 영혼이 아니라 부자들 못지않은 탐욕, 그리고 부자들에 대한 원한과 시기심이었습니다.

이렇게 부자들뿐 아니라 가난한 이들에게도 실망한 청년은 소들을 찾아갑니다. 자기 배를 채울 정도의 풀만 뜯어 먹으면 만족하는 소에서 청년은 자신이 찾던 맑은 마음을 발견합니다. 그는 소들과 함께 살면서 평화로운 삶을 즐깁니다.

독일의 철학자 아르투어 쇼펜하우어는 개가 인간보다도 더 도덕적이라고 보았습니다. 개는 지능이 있으면서도 인간처럼 남을 속이지 않는다는 겁니다. 니체나 쇼펜하우어가 말하는 것들을 생각해보면 과연 인간이 다른 동물보다 더 고귀한 영혼을 갖고 있는지 의심할 수밖에 없습니다.

인간은 다른 동물보다 더 강하고 뛰어난가요?

진화론을 믿는 사람들은 인간이 동물과는 다른 고귀한 영혼을 갖고 있다고 보지는 않습니다. 그러나 인간이 동물 중에서 가장 강한 존재라고는 생각합니다.

사실 70억 명에 달하는 인류가 하루에 도살하는 동물들의 수는 엄청납니다. 이런 사실을 생각해보면 인간이 가장 강한 동물인 것처럼 보입니다. 사자나 호랑이 같은 맹수들도 인간이 만든 총 앞에서는 무력하니까요. 그러나 인간이 과연 가장 강한 동물일까요? 최근 코로나19 팬데믹을 겪으며 우리가 어땠는지를 생각해봅시다. 바이러스 앞에서 인간이 얼마나 나약한 존재인지가 드러났습니다.

인간이 아무리 강하다고 해도 대부분의 경우 백 살을 넘기지 못합니다. 그런데 의학과 과학이 더 발달하면 인간이 신처럼 불사의 존재가 될 수 있을 거라고 주장하는 철학자들도 있기는 합니다. 이들은 **트랜스휴머니스트**라고 불리지요.

첨단 과학기술을 이용해 인간의 신체적·정신적 능력을 크게 강화함으로써 늙지도 죽지도 않는 인간을 만들 수 있다고 주장하는 철학자들

트랜스휴머니스트들은 인간이 불사의 존재가 될 것이라고 주장하지만 이들의 생각은 아직 공상으로 여겨지고 있습니다. 설령 인간이 불사의 존재가 된다 해도, 영원한 세월을 어떻게 살 것인가도 큰 문제입니다. 그렇게 되면 오히려 인간은 죽음을 바랄지도 모릅니다. 영원히 죽지 않고 산다는 것이 너무 지겹게 느껴지지 않나요?

하지만 트랜스휴머니스트들의 꿈이 이루어지기도 전에 극심한 지구온난화나 생태계 파괴, 혹은 핵전쟁이 일어날 수도 있습니다. 그래서 더 이상 지구에서 사람들이 살 수 없는 날이 올지도 모르지요.

다른 존재를 존중하는 태도가
양심일까요?

그러면 인간은 생물학적으로도 도덕적으로도 전혀 나은 점이 없는 존재일까요? 저는 그렇게 생각합니다. 우선 인간은 생물학적으로 다른 동물보다 나은 점이 없습니다. 모든 동물의 몸은 각기 자신이 사는 환경 세계에 적합하게 구성되어 있습니다. 예를 들어 지렁이의 몸은 시궁창에서 살기에 적합합니다. 그리고 앞서 살펴보았지만 인간은 도덕적으로도 동물들보다 나을 게 없습니다.

하지만 인간에게도 훌륭한 점이 하나는 있을 수 있습니다. 자신이 다른 동물들보다 더 우월한 존재가 아니며 다른 동물들도 인간 못지않게 고귀한 생명이라는 사실을 알 수 있는 존재라는 점에서 말입니다.

인간은 다른 인간의 입장에서 생각할 수 있습니다. 나아가 다른 동물의 입장이 되어 그 동물의 고통을 생각할 수도 있습니다. 이런 능력은 다른 동물에게는 없는, 인간만의 것이지요. 이렇게 자신을 넘어서 다른 인간과 다른 동물의 입장에서 생각하고 느끼는 능력을 우리는 보통 '양심'이라고 부릅니다. 인간은 양심을 갖고 있습니다.

그러나 인간이 양심을 갖고 있다는 사실은 자주 왜곡된(진실과 다르게 해석하는) 방식으로 파악되었습니다. 인간은 자신이 양심을 갖고 있다는 이유로 다른 동물을 지배하고 함부로 해도 된다고 생각했습니다. 그리고 다른 인종은 양심이 없다는 이유로 무자비하게 학살해도 된다고 생각했습니다.

이러한 행위는 양심에서 비롯된 것이 아니라 양심을 왜곡한 데서 나온 행위입니다. 양심은 자신뿐 아니라 생명이 있는 모든 것을 고귀하게 여기는 태도입니다. 그러니 양심이 있다면 다른 사람과 다른 동물을 함부로 학살할 수가 없겠지요.

진정으로 양심이 있는 자는 양심이 있다는 이유로 오만해지지 않습니다. 오히려 다른 인간들과 동물들 앞에서 겸손해질 뿐 아니라 그들을 존중합니다. 따라서 인간에게 양심이 있다는 사실은 인간이 동물보다 더 우월하다는 근거가 될 수 없습니다. 다만 그것은 인간과 동물 사이에 차이가 있음을 의미할 뿐입니다.

함께 생각하기

최근 반려동물 학대나 유기와 관련한 뉴스가 많이 나옵니다. 귀엽다거나 외로움을 덜겠다는 생각에 강아지나 고양이를 사서 키우다가 자기 사정이 여의치 않거나 반려동물이 늙고 병들면 내다버리는 일이 적잖게 일어나죠. 자기가 키우던 반려동물을 마음대로 버려도 되는 걸까요? 인간이라는 이유로 동물을 때리고 굶기고 학대해도 되는 걸까요? 이와 관련해 생각해봅시다.

인간의 내면에는
천사와 악마가 함께 존재하나요?

우리는 앞서 인간과 동물 사이의 같은 점과 차이점에 대해서 생각해보았습니다. 인간은 다른 동물과 마찬가지로 우주의 한 티끌에 불과하다는 점에서는 동일합니다. 그러나 인간은 동물에 비해서 부도덕한 행위를 자주 합니다. 대신 다른 인간이나 동물의 입장에서 생각해볼 수 있는 양심을 갖고 있습니다. 이러한 양심을 잘 구현할 때 우리는 천사 같은 존재가 될 수도 있습니다.

하지만 극악한 행위를 하고서도 아무런 뉘우침이 없는 사람들이 있지요. 그런 이들을 보면 '양심이 죽어버린 사람들도 있구나' 하고 생각하게 됩니다. 이것보다 더 심각한 경우는 양심이 왜곡되는 경우입니다. 많은 사람이 양심의 소리를 광신적인 기독교나 이슬람교 같은 종교적 이념 혹은 나치즘이나 광신적인 마르크스주의 같은 정치적 이념과 혼동합니다. 그리고 자신들이 믿고 따르는 종교적인 이념이나 정치적 이념을 받아들이지 않는 사람들을 사탄으로 여겨 무자비하게 살육하기도 합니다.

이렇게 왜곡된 양심을 에리히 프롬Erich Pinchas Fromm은 '권위주의적 양심'이라고 불렀습니다. 이에 반해 모든 생명을 존중하는 양심은 '인본주의적 양심'이라고 부릅니다.

양심이 죽어버려서 자신의 잘못을 뉘우치지 않는 연쇄살인마보다도 무서운 것은 이렇게 양심이 왜곡된 자들입니다. 이들은 자신들만이 참된 진리를 따르고 있다는 오만에 사로잡혀 있습니다. 연쇄살인마는 아무리 많은 사람을 죽여도 100명을 넘기기 힘듭니다. 그러나 양심이 왜곡된 자들은 서로 무리를 지어 수백만, 수천만 명의 사람을 죽일 수도 있습니다.

우리는 이러한 사실을 역사를 통해 알 수 있지요. 지난 시간 동안 숱하게 일어났던 종교전쟁을 보세요. 그뿐 아닙니다. 나치즘과 마르크스주의 그리고 자유주의 신봉자들 사이에 일어났던 이데올로기 전쟁이 그 증거입니다.

이처럼 인간은 천사가 될 수도 있고 악마가 될 수도 있습니다. 천사가 될 수 있는 가능성을 가장 잘 보여준 사람은 부처나 예수처럼 우리가 성인이라고 부르는 사람들입니다. 앞서 인간은 어떻게 살 것인지를 고민하는 존재이고 자신을 형성해나가는 존재라는 사실을 살펴보았습니다. 이런 이유로 우리는 자신을 악마로 만들 수도 있고 천사로 만들 수도 있습니다.

물론 대부분의 사람은 천사도 악마도 아닙니다. 천사의 소질과 악마의 소질을 모두 갖고 있지만 천사나 악마로 살지는 않습니다. 대부분의 사람은 자신과 가족을 우선시하지만, 남들에게 피해를 주지 않으려고 하지요. 또한 도움이 필요한 사람이 있으면 기꺼이 손을 내밀기도 합니다.

그러나 이 대부분의 사람도 언제든지 광적인 민족주의나 종교, 정치적 이념에 빠져 악마의 삶을 택할 수 있습니다.

권위주의적 양심과
인본주의적 양심의 차이

권위주의적 양심은 특정한 종교적 권위나 정치적 권위의 명령에 자진해서 따르려고 합니다. 권위주의적 양심은 무엇이 선이고 악인지는 이러한 권위들에 의해 정해진다고 봅니다. 따라서 권위주의적 양심은 종교 지도자들이나 히틀러, 스탈린 같은 정치 지도자들의 명령을 무조건적으로 따르지요.

이에 반해 인본주의적 양심은 선과 악의 기준을 인류의 생명과 성장에서 찾습니다. 인류의 생명과 성장에 도움이 되는 행위는 선이지만 그렇지 않은 행위는 악이라고 보는 것이지요. 인본주의적 양심은 아무리 큰 권위의 명령이라도 그것이 인류의 생명과 성장에 도움이 되지 않으면 저항합니다.

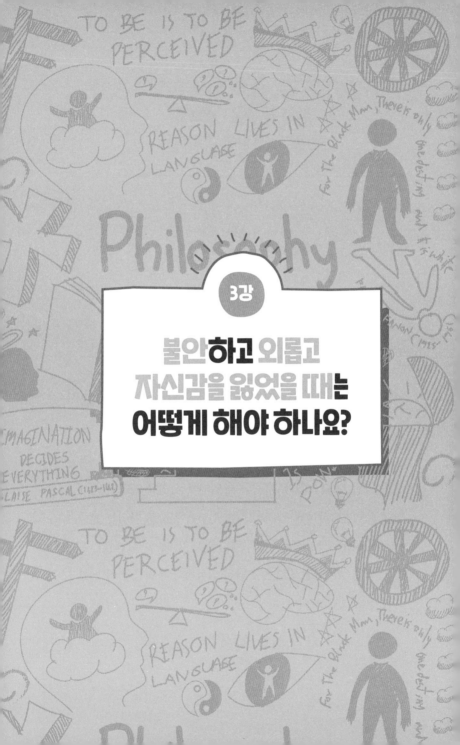

3강

불안하고 외롭고
자신감을 잃었을 때는
어떻게 해야 하나요?

사는 게 왜 이렇게
힘들고 버거운 걸까요?

'나는 혼자야' 혹은 '나는 못난 사람이야'라는 생각에 빠져본 적이 있을 겁니다. 이런 생각은 고독감과 무력감이라는 강렬한 감정을 가져옵니다. 저도 어렸을 적부터 종종 이러한 감정들에 휩싸이곤 했지요. 그럼 다른 동물들은 어떨까요?

개처럼 어느 정도 지능이 있는 동물이라면 외로움 같은 감정은 느낄 것 같습니다. 개도 혼자 있다가 자신을 예뻐하는 사람이 오면 반가워하니까요. 그러나 인간은 자신을 아끼는 친구나 가족이 있어도 고독감과 무력감을 느낄 때가 있습니다. 이런 사실을 생각하면 인간은 유난히 고독감과 무력감을 잘 느끼는 동물인 것 같습니다.

인간으로 산다는 것은 결코 쉽지 않습니다. 청소년기에는 부모님의 보호 아래 있기에 온전히 자기 힘으로 삶을 감당하지는 않지요. 그러나 청소년들도 나름의 힘겨움을 겪습니다. 성적에 대한 압박이나 미래에 대한 불안이 짓누르기 때문이지요. 이런 힘겨움은 적지 않은 청소년들이 극단적인 선택을 생각할 뿐 아니라 심지어 실행까지 한다는 사실에서도 잘 나타납니다. 이에 반해 동물들은 큰 걱정 없이 살아가는 것처럼 보입니다.

한동안 '카르페 디엠carpe diem'이라는 말이 꽤 유행했습니다. 영화 〈죽은 시인의 사회〉에서 언급되어 더 널리 퍼지기도 했지요. 카르페 디엠은 '순간에 충실하라'라는 뜻을 지닌 말입니다. 가만히 보면 동물이야말로 이 말을 가장 잘 실천하는 것 같습니다. 반면 인간은 그렇지 못합니다. 순간에 충실하고 싶지만 다른 것들이 방해하지요. 과거에 상처받은 일이 자꾸 생각나 머리를 어지럽히고 미래에 대한 걱정이 떠나지 않습니다.

여러분은 어떤가요? 아름다운 노을을 보면서도 괜한 후회의 감정에 빠져 자연의 아름다움을 느끼지 못하곤 하지 않나요? 혹은 멋진 그림을 눈앞에 두고서도 미래에 대한 불안에 휩싸여 제대로 즐기지 못한 경험은요? 아마 이런 경험은 누구에게나 있을 겁니다.

왜 인간에게는 산다는 것이 이토록 버거운 걸까요? 동물들처럼 가볍고 단순하게 살지 못하는 이유는 뭘까요? 동물은 본능에 따라서 사는 반면, 인간은 자신의 생각에 따라서 삶을 꾸려가야 하기 때문입니다.

상상력은 인간에게 주어진
특별한 선물일까요?

시궁창에서 사는 지렁이가 살아가는 방식은 이미 정해져 있습니다. 그러나 인간이 사는 방식은 고정되어 있지 않지요. 인간이 사는 방식은 시대마다 다르고 사람마다 다릅니다. 한번 생각해보세요. 조선 시대 사람들이 사는 방식과 지금 시대의 사람들이 사는 방식은 너무나 다르잖아요. 조선 시대에 살던 여성은 교육도 받지 못할 정도로 천시되었지만 오늘날에는 그렇지 않습니다.

그뿐만이 아닙니다. 같은 시대를 사는 사람들이라 해도 삶의 형태는 다양하게 나타날 수 있습니다. 어떤 사람은 예술가의 삶을 살고, 어떤 사람은 정치가의 삶을 삽니다. 어떤 사람은 탐욕과 시기심에서 벗어난 성스러운 삶을 살고, 어떤 사람은 남들을 속이고 남들에게 피해를 주는 타락한 삶을 살지요.

동물과 달리 우리는 어떻게 살 것인지를 고민합니다. 우리는 항상 나은 삶, 좋은 삶을 추구합니다. 따라서 우리에게는 삶의 방식이 정해져 있지 않습니다. 인간에게는 자신의 삶을 스스로 만들어갈 수 있는 자유가 주어져 있는 겁니다.

그런데 인간은 왜 동물에게는 없는 자유를 갖게 되었을까요? 인간에게는 여러 삶의 가능성을 생각할 수 있는 능력이 있기 때문입니다. 이러한 능력은 보통 '이성'이라고 불립니다.

이성은 다양한 가능성을 생각해볼 수 있는 능력이기에 상상력과 밀접한 연관이 있습니다. 원숭이처럼 영장류에 속하는 동물에게도 어느 정도의 상상력이 있을 겁니다. 그러나 인간의 상상력은 그 어떤 동물도 따라올 수 없을 정도로 뛰어나지요. 상상은 실현될 수 없는 비현실적인 공상에서부터 실현될 수 있는 현실적인 상상에 이르기까지 다양한 형태로 나타납니다. 또한 비현실적인 공상과 현실적인 상상 사이의 경계도 사실은 분명하지 않습니다.

현대그룹을 일으킨 정주영 회장이 남긴 유명한 말이 있습니다. 바로 "해보기나 했어?"라는 말입니다. 보통 사람들은 어떤 일을 해보지도 않고 미리 포기하는 경우가 많습니다. 불가능할 것이라는 생각에 사로잡혀 피해버리는 것이지요. 그러나 정주영 회장은 그러지 않았습니다. 우리가 자신의 창의력과 노력을 최대한 발휘하면, 불가능하다고 생각했던 많은 것을 이룰 수 있다고 보았습니다.

정주영 회장의 "해보기나 했어?"라는 말에는 바로 이러한 뜻이 담겨 있습니다. 불가능하게 느껴졌던 것을 이루기 위해 최대한의 창의력을 발휘하고 노력을 해보았느냐는 말이지요. 현대그룹은 정주영 회장의 창의력과 강력한 도전정신이 바탕이 된 회사입니다. 현대그룹의 중추를 이루는 현대자동차는 오늘날 세계적인 자동차 회사로 성장했습니다. 40여 년 전만 해도 정주영 회장을 비롯한 극소수의 사람을 제외하고는 그런 일은 불가능할 거라고 생각했습니다.

자동차, 비행기, 컴퓨터, 인터넷처럼 오늘날 우리가 당연하다는 듯이 사용하는 많은 것이 과거에는 불가능한 공상으로 여겨졌습니다. 따라서 실현될 수 없는 공상과 실현될 수 있는 상상의 경계는 분명하지 않습니다. 절대 실현될 수 없는 상상만 하는 사람을 우리는 공상가라고 부릅니다. 이에 반해 실현될 수 있는 상상을 하는 사람을 창의적인 사람이라고 부릅니다.

하지만 공상가와 창의적인 사람을 명확하게 구별하기는 어렵습니다.

또 다른 예를 살펴보지요. 삼성그룹 창립자인 이병철 회장이 반도체 사업을 시작하겠다고 했을 때도 임원들 대부분이 반대했습니다. 실현될 수 없는 공상이라고 여겼던 것이지요. 정주영 회장이 현대자동차를 세계적인 자동차 회사로 만든다고 했을 때도 마찬가지입니다. 모두가 그를 공상가로 여겼습니다. 그런데 결과는 어떤가요? 다른 이들이 공상이라고 치부했던 일이 현실이 되었잖아요.

상상력을 품고 우리 삶을 개척해나간다는 것은 쉽지 않은 일입니다. 성공하는 사람만큼이나 실패하는 사람도 많지요. 이병철 회장이나 정주영 회장은 성공했지만 상상력 때문에 망한 사람들도 많습니다. 자신의 상상이 실현될 수 있다고 믿으면서 자신의 모든 능력과 재산을 쏟은 이들 중 상당수가 실패의 고배를 마셨습니다. 이처럼 상상력이란 꿈을 이루게도 하고 실패의 아픔을 안겨주기도 합니다.

자유가 주어질수록
불안감이 커지는 이유는 뭘까요?

인간은 상상한 대로 자신의 삶을 만들어가는 존재라는 점에서 동물과 다릅니다. 그러나 이러한 특성도 동물에 비해서 인간이 우월함을 증명하는 것은 아닙니다. 어디까지나 인간과 동물 사이에 근본적인 차이가 있다는 사실만을 보여줄 뿐입니다.

앞서 상상에 따라서 자신의 삶을 형성할 수 있기에 인간은 자유로운 존재라고 말했지요. 한데 자유에는 고독감과 무력감 그리고 불안이라는 어두운 그림자가 항상 따라다닙니다.

크게 성공한 사람이나 실패한 사람뿐 아니라 우리 모두는 상상력을 통해 삶을 만들어나갑니다. 그러나 모든 일이 우리가 바라는 대로 진행되리라고 기대할 수는 없기에 불안에 빠지곤

합니다. 그리고 실제로 세상일이 뜻대로 되지 않는 것을 경험하면서 무력감을 느낍니다. 물론 가족이나 친구의 도움을 받을 수도 있겠지요. 하지만 그들이 도와준다고 하더라도 자신의 결정에 대해서는 궁극적으로 자신이 책임을 져야 합니다. 이처럼 자신이 결정하고 행한 일에 직접 책임을 져야 하기에 우리는 외로움을 느끼곤 합니다. 오롯이 혼자서 감당해야 할 몫이 있기 때문이지요.

청소년기의 사람이라면 누구나 학교에서 두각을 나타내고 싶어 하고, 성년이 되면 사회적으로 성공해 뭇사람들의 찬양과 사랑을 받고 싶어 합니다. 그러나 이런 소망대로 우리의 삶이 진행되지는 않습니다. 대학 입학시험에 떨어질 수도 있고 원하던 회사에 취직을 못하거나 사업에 실패할 수도 있습니다. 좋아하는 이성 친구에게 사랑을 고백했다가 거절을 당할 수도 있지요.

살다 보면 누구라도 이런 쓰라린 경험을 하게 됩니다. 이때 고독감과 무력감 그리고 앞날에 대한 불안감이 극심해집니다.

인간에게는 상상력이 있기 때문에 큰 꿈을 꿀 수 있습니다. 그래서 달이나 화성을 탐사하는 것처럼 놀라운 일들을 이룰 수 있었지요. 하지만 같은 이유로 인간은 동물의 세계에서는 볼 수 없는 불안감과 고독감, 무력감도 경험합니다. 이러한 불안감과 고독감, 무력감은 위대한 업적을 이룬 사람들도 피하기 어렵습니다. 앞서 언급한 이병철 회장이나 정주영 회장 같은 이들도 이런 감정들을 경험했을 겁니다.

'빛이 강하면 그림자가 깊다'는 말이 있지요. 인간이 상상력을 통해 자신의 삶을 만들어가는 자유를 갖는다는 사실에는 빛과 그림자가 동시에 존재합니다. 자유는 인간의 삶에 있어 큰 이점이지만, 다른 한편으로는 인간을 짓누르는 짐이기도 합니다. 많은 사람이 자유에서 비롯되는 불안과 고독감, 무력감을 견뎌내지 못하고 우울증에 걸리거나 극단적인 선택을 하기도 합니다. 반면 동물의 세계에서는 우울증이나 자살은 극히 드물게 나타납니다. 역설적이게도 동물에게는 상상력과 자유가 없기 때문에 불안도 우울도 극히 드물게 나타나는 것이지요.

기계의 경우도 마찬가지입니다. 기계도 인간이 부여한 작동 법칙에 따라서만 움직이기 때문에 자유가 없습니다. 그 대신 기계 역시 우울증이나 불안이 없으며 자살할 일도 없습니다.

자유를 포기하면 나는 더 행복한 삶을 살까요?

자유 때문에 많은 문제가 생긴다면 자유를 포기해야 할까요? 실제로 많은 사람이 불안감과 고독감 그리고 무력감에서 벗어나기 위해 자유를 포기하곤 했습니다. 예를 들어봅시다. 우리는 주위에서 사이비 종교에 사로잡혀 사이비 교주의 노예로 사는 사람들을 봅니다. 히틀러나 스탈린의 추종자들처럼 정치 지도자들에게 예속되어(남의 지배 아래에 매여 있는 상태) 이들의 명령에 따라서만 사는 사람들도 봅니다.

이뿐 아닙니다. 사람들은 자유를 포기하고 게임이나 알코올, 마약 등으로 도피합니다. 그래서 게임 중독, 알코올 중독, 마약 중독 등과 같은 다양한 중독에 빠져 자기 삶을 잃어버리죠.

에리히 프롬은 이러한 현상을 '자유로부터의 도피'라고 불렀습니다. 무슨 뜻일까요? 자유가 부담스러워서 자유를 포기하고 예속을 택하거나, 갖가지 중독에 빠져 현실을 적극적으로 개척하는 것을 포기하는 현상을 말합니다.

자유 때문에 불안과 고독감 그리고 무력감이 생기지만 그렇다고 자유가 나쁜 것은 아닙니다. 자유가 있기에 인간은 자신의 환경을 바꿀 수 있습니다. '흙수저'로 태어난 모든 사람이 흙수저로 살지는 않습니다. 자신에게 주어진 자유를 활용해 인생을 변화시키는 사람도 있지요. 또한 인류가 이룬 위대한 성취는 인간이 상상력을 실현할 수 있는 자유로운 존재이기에 가능했던 것들입니다.

자유에는 불안과 고독감 그리고 무력감이 필연적으로 따릅니다. 또한 과도한 불안과 고독감, 무력감은 그 자체로도 괴롭지만 우리의 활력을 꺾기에 더욱 문제가 됩니다. 그러나 우리가 통제할 수 있는 적당한 불안과 고독감, 무력감은 오히려 도움이 되기도 합니다. 우리가 능력을 최대한 발휘하는 데 긍정적인 영향을 미칠 수도 있으니까요.

예를 들어 공부도 하지 않았으면서 자신이 원하는 점수를 받을 수 있을 거라는 자만에 빠진 학생을 생각해봅시다. 이 학생이 어떤 결과를 맞게 될지는 뻔합니다. 반대로 자신이 원하는 점수를 받지 못할까 봐 걱정하며 열심히 공부한 학생은 어떨까요? 앞의 학생에 비해서 불안하고 힘들었을지 모르지만, 분명 원하던 결과를 얻을 수 있을 겁니다. 적당한 불안은 우리를 긴장하게 하고 노력하게 합니다.

불안이든 외로움이든 무력감이든 그것이 과도해지면 병적인 것이 됩니다. 하지만 우리가 통제할 수 있는 수준의 것이면 오히려 우리의 잠재력을 최대한 발휘하게 하는 동력이 될 수 있지요. 우리는 미래에 대해 불안을 느끼기 때문에 미래를 잘 대비할 수 있습니다.

우리는 외로움을 느끼기 때문에 오래 지속되는 진정한 우정이나 사랑을 얻기 위해 노력할 수 있습니다. 우정과 사랑을 통해 우리는 외로움에서 벗어나게 됩니다. 그뿐만이 아닙니다. 외로움을 느끼던 상태에서는 상상하지 못했던 기쁨과 행복을 맛볼 수도 있습니다. 무력감을 느끼기 때문에 그런 감정에서 벗어나고자 잠재된 자신의 역량을 발휘하려는 노력을 할 수도 있고요.

이러한 노력은 놀라운 결과를 가져올 수 있습니다. 무력감에 빠져 있을 때는 전혀 상상할 수 없었던 자신감과 자부심을 갖게 될 수 있지요. 그러니 간혹 불안감과 외로움, 무력감을 느껴도 괜찮습니다. 그것들에 사로잡혀 삶을 비관할 필요가 전혀 없지요. 그것들은 인간이 자유로운 존재이기 때문에 따라붙는 그림자와 같습니다. 우리는 자유로운 존재이기에 오히려 이러한 부정적인 감정들을 자기 발전을 위한 동력으로 전환할 수 있습니다.

함께 생각하기

자유라는 것이 내 의지대로 삶을 꾸려가는 것이라면 자유는 어디까지 허용될 수 있는 것일까요? 내가 원하는 모든 것을 하는 게 자유는 아닐 테니까요. 허용될 수 있는 자유의 경계선이 어디인지 생각해봅시다.

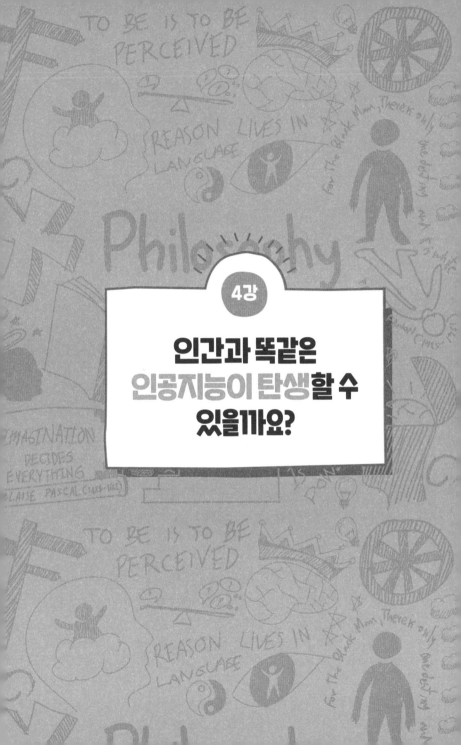

4강

인간과 똑같은 인공지능이 탄생할 수 있을까요?

인공지능이 발전해
인간을 공격하는 것도 가능할까요?

얼마 전 미국 콜로라도 주립 박람회 미술대회에서 디지털 아트 부문 1위를 한 그림이 있습니다. '스페이스 오페라극장Theatre D'opera Spatial'이라는 작품입니다. 알고 보니 인공지능을 사용해 만든 그림이었다고 하네요. 2019년에는 휴머노이드 로봇 아이다Ai-Da가 영국 옥스퍼드 세인트존스 칼리지에서 첫 개인전 'Unseccured Futers'를 열기도 했습니다. 이처럼 지금 우리는 인공지능이 만들어내는 눈부신 성과에 매일 경탄하면서 살고 있습니다.

인류는 현재 네 번째 산업혁명을 겪고 있습니다. 1차 산업혁명의 기반이 된 것은 증기기관이었고, 2차 산업혁명의 기반이

된 것은 전기였습니다. 3차 산업혁명의 기반은 20세기 후반에 출현한 IT기술, 곧 전자정보기술이었습니다.

그렇다면 4차 산업혁명의 기반은 무엇일까요? 고도로 발달한 IT기술을 바탕으로 한 인공지능입니다. 4차 산업혁명을 맞아 인간의 지적인 작업 대부분이 인공지능으로 대체될 것이라고 합니다.

인공지능은 엄청난 양의 데이터를 토대로 인간이 예측할 수 없는 방식으로 추론하고 판단합니다. 인공지능의 이러한 능력에 경탄하면서 일부 사람들은 한 발짝 더 나아간 주장을 합니다. 인공지능이 나중에는 인간과 비슷해질 것이라는 주장이지요. 감정과 욕망은 물론이고 심지어 선과 악을 분별할 수 있는 윤리의식까지 갖게 될 것이라고 봅니다.

이러한 주장을 하는 사람들의 논리는 이렇습니다. 인간이 인공지능을 업그레이드하지 않더라도 인공지능이 스스로 학습하면서 자체적인 진화를 한다는 것이지요. 이처럼 지적인 능력에서는 인간을 훨씬 능가하면서도 인간처럼 욕망과 감정 그리고 윤리의식까지 가진 인공지능을 학자들은 '강한 인공지능'이라고 부릅니다.

물론 인공지능을 연구하는 사람들 중에는 강한 인공지능을 인정하지 않는 사람도 있습니다. 특정한 능력만을 가진 '약한 인공지능'만이 가능하다고 보는 거예요. 이들의 주장에 따르면 인공지능은 알파고의 바둑을 두는 능력처럼 특정한 분야의 특정한 능력에서만 인간보다 앞설 수 있습니다. 따라서 이들은 인공지능이 인간과 동일한 감정과 욕망 그리고 윤리의식을 가질 수 없다고 봅니다.

인공지능은 아무리 인간처럼 보여도 사실은 순수하게 물질로만 이루어진 기계입니다. 따라서 강한 인공지능이 가능하다고 보는 사람들은 인간의 정신마저도 물질로 봅니다. 이러한 관점은 철학에서는 전통적으로 '유물론'이라고 불려왔습니다. 유물론에서는 인간의 생각, 감정, 욕망, 윤리의식도 단지 뇌라는 물질에서 일어나는 전기화학적인 작용에 불과하다고 봅니다.

유물론을 주장하는 사람들은 어떤 근거로 이러한 사실을 주장하는 걸까요? 그들은 뇌의 특정 부위를 자극하거나 제거할 때 사람의 감각과 성격, 욕망이 크게 변화된다는 사실을 통해 이러한 사실을 확인할 수 있다고 말합니다.

실제로 건설 현장에서 쇠막대기가 뇌를 뚫고 나가는 사고를 당했던 사람의 성격이 완전히 변한 사건이 있었다고 합니다. 이 사람은 그전에는 사교적이고 성실했지만, 그 사건 이후 상스러운 말을 함부로 뱉을 정도로 무례하고 변덕스러운 사람으로 변했다고 하네요.

이와 같은 사실들을 토대로 해 유물론은 인간의 생각이나 감정 같은 정신 현상들도 결국은 뇌라는 극도로 복잡한 물질에서 일어나는 부수적인 현상일 뿐이라고 봅니다. 강한 인공지능이 가능하다고 믿는 사람들은 이러한 유물론을 받아들입니다. 그러면서 인공지능도 더욱 복잡해지고 정교해지면 감정과 욕망은 물론이고 윤리의식마저 갖게 될 거라고 주장합니다.

앞서 인간은 자신이 어떻게 살 것인지를 고민하는 존재라는 사실을 살펴보았습니다. 인간은 동물처럼 자연이 부여해준 본능에 따라서 사는 것이 아니라 자신이 생각하는 '좋은 삶'의 이념에 따라서 삽니다. 부자가 되는 것을 좋은 삶으로 생각하는 사람은 부자가 되기 위해 자신의 열정을 쏟습니다. 예수나 부처처럼 되는 것을 좋은 삶으로 생각하는 사람은 예수나 부처처럼 되기 위해 자신의 열정을 쏟습니다. 따라서 사람들의 구체적인 생각과 행동은 좋은 삶에 대한 근본신념에 의해서 규정되고 달라집니다.

이 경우 근본신념은 우리가 단순히 의식적으로 사유하는 관념만이 아니고 '온몸으로 믿고 받아들이는 신념'을 말합니다.

그것은 단순한 관념이 아니라 우리의 삶 전체를 철저하게 규정하는 신념이지요. 예를 들어 의식적으로는 자신을 기독교 신자라고 생각하지만 교회에 가서는 항상 돈을 많이 벌게 해달라고 기도하는 사람이 있다고 해봅시다. 이 경우 이 사람의 삶을 규정하는 근본신념은 기독교가 아니라 사실은 '돈이 최고다'라고 믿는 황금만능주의지요.

인간이 가진 특성을 염두에 두면서 인공지능이 과연 인간처럼 될 수 있는지, 그리고 인간처럼 되는 것이 과연 바람직한지에 대해서 생각해봅시다.

함께 생각하기

인공지능은 그림, 글쓰기, 건축 등 창의성이 필요한 다양한 예술 활동을 하고 있습니다. 그렇다면 인공지능이 창작한 그림, 소설, 건축물에도 작가의 예술혼이 담겨 있을까요? 만일 그렇다면 그것은 인간의 예술혼과 어떻게 구별될까요?

유물론, 유심론, 이원론

우리는 흔히 우리가 몸과 마음, 곧 신체와 정신으로 이루어져
있다고 생각합니다. 신체 이외에 정신이 독자적으로 존재한다
고 보지요. 이렇게 신체 이외에 정신이 독자적으로 존재한다고
보는 학설을 '이원론二元論'이라고 부릅니다. 이러한 이원론을
주장한 대표적인 사상가는 근대의 철학자인 르네 데카르트입
니다. 그러나 고대 그리스의 철학자인 플라톤이나 기독교도 이
원론을 주장했습니다.

이원론은 정신은 신체와 상관없이 존재하기 때문에 신체가
죽은 후에도 계속해서 존재할 수 있다고 봅니다. 이른바 영혼
불멸설을 주장하는 것이지요. 그리고 이원론은 신처럼 우리 눈
에는 보이지 않지만 순수하게 정신적인 존재도 있을 수 있다고

봅니다.

이원론과는 달리 유물론은 신체와 독립해서 존재하는 정신 따위는 없다고 봅니다. 신체만이 존재한다고 보는 것이지요. 따라서 유물론은 신체가 죽으면 정신도 사라진다고 봅니다. 이런 이유로 영혼 불멸이나 신의 존재도 부정하지요. 유물론은 우리가 정신의 활동이라고 여기는 욕망이나 감정, 이론적인 사고 등도 사실은 뇌에서 일어나는 전기화학 작용일 뿐이라고 봅니다.

우리가 음식을 섭취하면 위에서는 위액을 분비해 이 음식물들을 영양분으로 만듭니다. 이와 마찬가지로 우리가 눈이나 귀를 통해서 외부 사물을 지각하면 뇌에서 분비물이 나와서 이것들을 정신적인 데이터로 변화시킵니다. 이런 의미에서 유물론은 우리의 생각, 욕망, 감정은 위에서 일어나는 소화 작용과 마찬가지로 뇌에서 일어나는 전기화학 작용에 불과하다고 보는 것이지요.

현대과학은 이러한 유물론을 토대로 하고 있습니다. 예를 들어 현대의 의학이나 심리학은 우리가 불안감을 느끼는 것은 우리 뇌에 세로토닌이라는 물질이 부족하기 때문이라고 봅니다. 따라서 누가 불안감을 느낀다고 하면 현대의학이나 심리학은 하느님께 기도하라든가 정신을 다스리라고 말하지 않고 세로토닌^{serotonin}을 보충하는 약을 처방합니다. 유물론의 역사도 이원론과 마찬가지로 아주 오래되었습니다. 데모크리토스^{Democritos} 같은 고대 그리스 철학자가 이미 모든 현상을 '원자들의 결합과 분리'라는 원리로 설명하려고 했지요.

유물론과 대립하는 것에는 이원론도 있지만 '유심론^{唯心論}'도 있습니다. 유심론은 존재하는 것은 정신뿐이라고 봅니다. 우리가 물질이라고 보는 것은 사실은 '잠들어 있는 정신'일 뿐이라는 것이지요. 유심론을 주장했던 대표적인 철학자는 빌헬름 라이프니츠^{Gottfried Wilhelm von Leibniz}입니다.

욕망, 감정, 윤리의식은
인간만이 가질 수 있는 것인지 궁금해요!

인공지능이 점점 발달하면서 인간과 인공지능을 비교하는 일이 늘어나고 있습니다. 이때 사람들은 인간과 인공지능 중 어느 쪽이 더 우월한가에 초점을 맞춥니다. 어떤 사람들은 인간이 인공지능보다 더 창의적이기 때문에 인간이 인공지능보다 더 우월하다고 말합니다. 따라서 이들은 아이들을 창의적인 인간으로 교육시켜야 한다고 주장합니다. 이들에 따르면, 지금도 인공지능이 인간의 일을 상당 부분 대체하고 있는데, 앞으로는 더 심해질 것이라고 합니다. 이런 세상에서 살아남으려면 인공지능에겐 없는 인간만이 가능한 능력을 갖고 있어야 한다는 것이지요.

그러나 유사 이래로 창의적인 사람이 몇 명이나 되었는지 의문입니다. 대부분의 사람은 사회적 관습에 따라 살고, 정해진 작업방식에 따라 일합니다. 더 나아가 이미 여러 전문 분야에서 인공지능이 대부분의 인간보다 더 창의적이라는 사실이 입증되었습니다. 예를 들어 음악 작곡에서도 인공지능은 대부분의 인간보다 더 창의적입니다. 바둑에서도 이미 알파고와 같은 인공지능이 가장 창의적인 기사棋士보다도 더 창의적임을 증명했지요.

특정한 일을 수행하는 능력뿐 아니라 창의성 면에서도 인공지능이 이미 인간을 앞선다는 사실이 입증되었습니다. 그러자 사람들은 이제 인간의 우월성을 다른 곳에서 찾기 시작합니다.

인공지능이 감정이나 욕망 그리고 윤리의식을 갖고 있지 못하다는 점을 들어 인간이 인공지능보다 우월하다는 걸 입증하려 합니다. 하지만 이러한 시도에 대해서도 이미 반론이 제기되었지요. 우리는 앞서 인공지능도 감정뿐 아니라 욕망, 심지어 윤리의식까지도 가질 수 있다는 주장을 살펴보았습니다.

그런데 이러한 논의에는 감정이나 욕망 그리고 윤리의식을 갖는 것이 인간의 장점이라는 생각이 전제되어 있습니다. 그런데 과연 인간이 감정이나 욕망, 윤리의식을 갖고 있다는 것이 장점인가요? 인간은 자신이 통제하지 못하는 욕망이나 불쾌한 감정 때문에 괴로워하곤 합니다. 이는 욕망이나 감정을 갖는다는 것이 결코 장점만은 아니라는 사실을 보여줍니다.

무엇이 선이고 무엇이 악인지를 분별하는 윤리의식도 인간이 원래부터 항상 선을 택하는 것은 아니라는 사실과 밀접한 관계가 있습니다. 시험을 볼 때 컨닝을 하고 싶은 부정한 욕망이 있기에 그래서는 안 된다는 윤리의식도 있습니다. 인간의 생각이나 행동이 원래부터 항상 선을 지향했다면 윤리의식도 없었을 겁니다.

따라서 인간이 윤리의식을 갖는다는 것은 역설적으로 인간이 항상 선한 존재는 아니라는 것을 의미합니다.

인공지능이
인간과 같아질 수도 있나요?

앞서 말한 것처럼 인간과 인공지능에는 궁극적인 차이가 있습니다. 인간은 어떻게 살 것인지를 고민하는 실존적 존재이지만 인공지능은 그렇지 않지요. 만약 인공지능이 인간과 마찬가지로 자신이 어떻게 살 것인가를 고민하게 된다면 어떻게 될까요? 그렇게 되면 우리는 당연히 인공지능을 인간과 동일한 존재로 보아야 할 겁니다.

인공지공이 인간처럼 실존적 존재가 될 수 있을 것인지에 대해서는 회의적입니다. 왜 그런지 이유를 살펴봅시다.

우선 인간이 어떻게 살 것인지를 고민하는 이유는 자신의 삶에 불만이 있기 때문입니다. 그러나 인공지능이 과연 자신의 삶에 대해서 불만을 가질 수 있을까요? 그것은 불가능하다고 생각합니다.

이 문제를 논하기 전에 인간처럼 실존적 성격을 갖는 인공지능을 만들 필요가 있는지가 의문입니다. 바로 앞서 말한 것처럼 인간이 어떻게 살 것인지를 고민한다는 것은 자신의 삶에 불만을 품고 있다는 뜻입니다. 이러한 불만은 때론 더 좋은 삶을 살기 위한 동기가 될 수 있습니다. 그러나 그것은 인간이 더 나쁜 삶을 택하는 동기도 될 수 있습니다. 왜 그럴까요? 인간은 자주 '좋은 삶'이 무엇인지에 대해서 잘못 생각하면서 자신뿐 아니라 남들에게도 큰 피해를 입히곤 하기 때문입니다.

예를 들어봅시다. 특정한 종교나 정치적 이념을 광신적으로 추종하는 사람들이 있습니다. 그들은 그것을 '좋은 삶'으로 착각하면서 서로를 적대시하고 살육하기도 합니다. 그리고 '물질적 부를 많이 소유하는 삶'을 '좋은 삶'으로 착각하는 사람들이 있습니다. 이들은 다른 사람의 재산을 빼앗거나 노동자들에게 임금도 제대로 주지 않으면서 그들을 착취하기도 합니다.

만일 인간과 본질적으로 동일하면서 인간보다 모든 능력이 뛰어난 인공지능이 있다면 어떨까요? 저는 그런 인공지능은 끔찍한 존재가 될 수 있다고 생각합니다. 인공지능은 자신들끼리 패를 만들어 처음에는 인류에 대항할 수 있습니다. 인류를 몰살시킨 후에는 서로 패를 나누어 전쟁을 벌일 수도 있겠지요.

강한 인공지능을 만들 수 있다고 주장하는 사람들 중에는 강한 인공지능에게 인간과 동일한 권리를 주어야 한다고 주장하는 사람도 있습니다. '강한 인공지능은 인간과 마찬가지로 고통을 느끼고 증오나 사랑 같은 감정은 물론 갖가지 욕망도 갖게 될 것이다. 그러므로 인간과 동일한 권리가 인정되어야 한다'는 논리지요.

그러나 저는 이러한 주장에 문제가 있다고 생각합니다. 굳이 로봇들이 인간과 같아져야 할 필요가 있을까요? 로봇들에게 인간처럼 고통을 느끼게 하고 사랑이나 미움 같은 감정을 갖게 해야 할까요? 그것이 과연 좋은 것인가요? 이러한 사고방식이야말로 갖가지 감정이나 욕망을 가진 인간을 그렇지 못한 인공지능보다 우월한 존재로 보는 인간중심주의에 사로잡힌 태도가 아닐까 싶습니다.

물론 이렇게 주장하는 사람들도 인공지능이 감정과 욕망을 갖게 만들어야 한다고 주장하는 것은 아닙니다. 그들이 주장하는 것은 인공지능이 스스로 진화하면서 감정과 욕망을 갖게 될 수도 있다는 거지요.

그러나 만에 하나라도 인공지능이 그렇게 될 수 있다면 우리 어떻게 해야 할까요? 그때 우리가 고민해야 할 것은 '인공지능에게 인간과 동일한 권리를 부여해야 하는가'라는 문제가 아닐 겁니다. 오히려 인공지능이 그렇게 진화하는 것을 어떻게 막을 수 있을지를 고민해야 합니다. 인간이 성자도 될 수 있지만 얼마든지 악마로 전락할 수 있는 위험한 존재인 것처럼 인공지능도 그럴 것이기 때문입니다.

인공지능이 인간처럼 감정이나 욕망을 갖게 된다면?

스티븐 스필버그 감독의 영화 〈에이 아이〉는 인공지능이 감정을 갖게 될 때의 비극을 너무나 잘 보여준 작품입니다. 이 영화는 2001년도에 처음 상영되었기 때문에 아마 여러분 중에는 영화를 보지 못한 사람도 있겠네요.

이 영화는 북극과 남극의 빙하가 녹아 해수면이 상승하면서 도시들이 물에 잠기게 되는 미래 사회를 배경으로 하고 있지요. 이때 과학기술문명은 엄청나게 발달해 인공지능 로봇이 집안일은 물론이고 인간을 즐겁게 해주는 일까지 모두 담당합니다. 어느 날 하비 박사라는 인공지능 로봇 전문가가 감정을 느끼는 최초의 로봇 데이비드를 만듭니다.

데이비드는 헨리 스윈튼과 모니카라는 부부의 집에 시험 케

이스로 입양됩니다. 이 부부에게는 아들이 있었어요. 하지만 아들이 불치병에 걸린 탓에 치료 약이 개발될 때까지 냉동 상태로 있어야만 했지요. 인간을 사랑하도록 프로그램된 데이비드는 모니카를 엄마로 여기면서 사랑합니다. 그러던 중 불치병에 걸려 있던 아들이 기적적으로 살아납니다. 진짜 아들이 돌아오자 더 이상 필요 없어진 데이비드는 숲속에 버려지지요. 이렇게 비참하게 버려지지만 데이비드는 엄마의 사랑을 계속해서 갈구합니다.

인간을 사랑하도록 프로그램되어 있지만 인간의 도구로만 간주되는 인공지능 로봇, 생각만 해도 너무 끔찍하지요. 스티븐 스필버그의 〈에이 아이〉를 찾아서 한번 감상해보세요. 그리고 인공지능이 감정을 갖게 될 때 생길 수 있는 문제에 대해 생각해보기 바랍니다.

인간의 다리보다
자동차가 우월한가요?

그동안 우리는 인간과 인공지능 사이에 존재하는 근본적인 차이를 무시해왔습니다. 그 결과, 인간을 기준으로 인공지능의 성격을 파악하려는 많은 논의가 나타나게 되었지요. 과연 인간을 기준으로 인공지능을 파악하는 것이 의미가 있을까요?

인공지능을 연구하는 사람들 중 일부는 인공지능의 작동방식이 인간 정신의 작동방식과 근본적으로 다르다고 말합니다. 따라서 이들은 인공지능의 발전도 인간의 지능을 모방하는 방식이 아니라 독자적인 방식으로 이루어질 것으로 봅니다.

이들은 인공지능의 특성을 이해하기 위해서 비행기 개발의 역사를 살펴보는 것이 도움이 될 거라고 말합니다. 처음에는 새의 날갯짓을 모방하는 방식으로 비행기의 개발이 진행되었습니다. 하지만 이런 식의 연구는 계속해서 실패를 거듭했지요. 비행기 개발이 성공한 것은 이런 식의 연구를 포기했을 때였다고 합니다. 라이트 형제가 비행기 개발에 성공한 것은 새의 날갯짓을 모방하는 대신 공기의 흐름과 기압 등에 대한 공학적인 연구를 한 덕분입니다.

새를 모방하는 실험은 왜 실패했을까요? 그 주요한 이유는 새의 날개와 몸이 비행기처럼 빠르고 높게 나는 것에는 부적합하기 때문입니다. 새는 자신이 앉고 싶어 하는 나뭇가지에 언제든 날아가 앉을 수 있을 정도로 유연합니다. 이와 달리 비행기는 새처럼 유연하지는 못하지만, 새보다 훨씬 빠르면서 높게 날 수 있습니다.

이처럼 새와 비행기는 근본적으로 다른 특성을 갖고 있기 때문에 새의 날개짓에 대한 연구는 비행기 개발에 도움이 되지 못했던 겁니다. 이보다는 공기 흐름이나 기압 등에 대한 공학적인 연구가 비행기 개발에 실질적인 도움을 주었던 것이고요.

우리는 새가 나는 방식과 비행기가 나는 방식은 근본적으로 다르다는 것을 이제는 압니다. 그래서 비행기가 새보다 우월하다고 말하지 않습니다. 우리는 어떤 비행기가 다른 비행기보다 더 우월한지를 따질 뿐입니다.

자동차에 대해서 말할 때도 마찬가지입니다. 자동차는 인간이 먼 거리를 빠르게 이동하는 것을 돕는 수단으로 발전했습니다. 이 점에서 자동차는 인간의 다리를 보완하는 역할을 한다고 볼 수 있습니다. 그러나 우리는 자동차와 인간의 다리 중 어떤 것이 더 우월한가를 비교하지 않지요. 인간의 다리는 자동차로 완전히 대체할 수 없는 고유한 장점을 갖고 있기 때문입니다.

예를 들어 자동차로는 방 안처럼 좁은 공간을 돌아다닐 수 없습니다. 이렇게 자동차와 인간의 다리 사이에 근본적인 차이가 생기는 것은 그것들이 움직이는 방식이 근본적으로 다르기 때문입니다. 따라서 자동차를 연구하는 사람들은 인간의 다리가 움직이는 방식을 연구하지 않습니다.

인공지능의 작동방식도 인간의 정신과 근본적으로 다릅니다. 바로 이런 이유 때문에 인공지능은 특정한 능력에서 인간을 훨씬 능가합니다. 따라서 인공지능은 인간의 지능이라는 자연적인 지능에 대한 모방을 통해서 발전하지 않을 겁니다. 정보를 처리하는 과정에 대한 공학적인 연구를 통해서 발전할 겁니다.

강한 인공지능이 감정을 느낀다면 우리가 느끼는 감정과 같을까요?

인간은 어떻게 살 것인지에 대해 고민하는 존재입니다. 다시 말해 어떤 삶이 좋은 삶인지를 고민하는 존재지요. 인간이 갖고 있는 이러한 존재의 성격을 우리는 앞서 실존적 성격이라고 불렀습니다.

인간의 욕망과 감정은 인간의 실존적 성격에 의해서 규정됩니다. 반면에 인공지능은 그렇지 않습니다. 욕망을 먼저 살펴볼까요?

우리의 삶을 규정하는 근본적인 욕망은 자신이 생각하는 '좋은 삶'을 구현하려는 욕망입니다. 그리고 다른 욕망들은 이러한 근본적인 욕망을 실현하기 위해서 부수적으로 필요한 것들을 실현하려는 욕망입니다.

어떤 사람이 '부자로 사는 것'을 좋은 삶이라고 생각할 경우 그 사람은 부자가 되기 위한 조건들을 실현해야 합니다. 예를 들면 돈을 버는 방법에 대해서 더 열심히 연구해야 할 겁니다. 또 남들보다 더 부지런히 일해야 할 수도 있습니다. 따라서 그는 돈 버는 방법을 더 열심히 연구하고 남들보다 더 부지런히 일하려는 욕망을 갖습니다. 이러한 욕망은 궁극적으로는 부자가 되려는 욕망에 의해서 규정됩니다.

이렇게 인간의 욕망과 감정은 인간의 실존적 성격에 의해서 규정됩니다. 인간은 자유의지가 있기 때문에 자신의 삶에 항상 불만을 가지면서 '보다 좋은 삶'을 구현하려고 할 겁니다. 그리고 보다 좋은 삶을 구현하려는 과정에서 부딪히는 갖가지 장애에 힘들어하게 되지요. 저는 인공지능 역시 하나의 기계이기 때문에 다른 기계와 마찬가지로 실존적 성격을 갖지 못할 거라고 생각합니다.

따라서 인공지능이 설령 감정과 욕망을 갖게 되더라도 그러한 감정과 욕망은 인간의 감정이나 욕망과 같은 것일 수 없습니다. 이는 동물들의 감정과 욕망이 인간의 감정이나 욕망과 다른 것과 마찬가지입니다. 더 나아가 앞서 살펴본 것처럼 인공지능이 인간과 똑같은 감정과 욕망을 갖는 것은 바람직하지도 않습니다.

이미 여러 분야에서 인간의 능력을 훨씬 뛰어넘는 인공지능의 개발 소식이 들려옵니다. 그리고 그 위험성을 경고하는 소리 역시 최근 들어 자주 듣습니다.

그러나 사실 정말 위험한 것은 인공지능이 아니라 인공지능을 사용하는 인간, 우리 자신입니다. 다시 말해 인공지능 자체보다 인간이 그것을 악용하는 것이 더 위험하다는 뜻입니다. 전쟁에서 이기기 위해 인공지능을 이용한다거나 소수가 부와 권력을 독점하기 위한 수단으로 인공지능을 악용하는 것을 예로 들 수 있겠지요.

인공지능 자체가 위험해지는 순간은 그것이 스스로 진화해 인간과 유사한 욕망과 목적의식을 가질 때일 겁니다. 앞서 살펴본 것처럼 인간의 정신과 인공지능은 작동하는 방식 자체가 본질적으로 다릅니다. 따라서 과연 그런 일이 현실적으로 가능할지는 의문입니다.

혹여 그런 일이 일어날 수 있더라도 우리가 고민해야 할 것은 인공지능의 권리를 인정할 것이냐 인정하지 않을 것이냐가 아닙니다. 우리가 고민해야 할 것은 그런 일이 절대로 일어나지 않는 방향으로 인공지능을 개발하는 겁니다.

 함께 생각하기

혹시라도 인공지능이 스스로 진화해 인간과 같은 방식으로 생각하고, 감
정과 욕망을 느끼게 된다면 어떤 일이 벌어질까요?

친구가 기쁠 땐 나도 기쁘고,

친구가 슬플 땐 나도 슬퍼.

아마도 이런 게 우정일까?

앞으로도 좋은 친구가 되고 싶어.

나도!

참된 친구가 되려면 어떻게 해야 할까?

5강

참된 친구란
무엇일까요?

친구 때문에 내 마음이 아픈 것처럼
친구도 그럴까요?

누구나 친구 때문에 고민해본 적이 있고 아파본 적도 있을 겁니다. 별것도 아닌 일로 친구와 싸워 미안하고 속이 상한 적도 있겠지요. 그러면서 한편으로는 친구를 사귄다는 것이 쉬운 일이 아니라는 생각도 해보았을 겁니다. 진정한 친구란 무엇이고 진정한 우정은 무엇일까요?

여러분들에겐 좋은 친구가 있나요? 부모나 형제에게 말할 수 없는 고민이 있을 때 그걸 들어줄 수 있는 사람은 친구밖에 없을지도 모릅니다. 그뿐 아니지요. 다른 사람들을 대할 때와는 달리 친구들에게는 마음 편히 말할 수 있습니다. 나를 있는 그대로 보여주어도 괜찮으니까요.

또한 친구는 내가 어려움에 처해 있을 때 위로와 도움의 손길을 내밀어줄 수도 있습니다. 내 이야기를 들어주고 같이 아파해주면서 마음을 어루만져주지요. 반대로 친구가 아파하거나 힘들어할 때는 여러분도 같이 아파하면서 위로해줄 수 있지요. 친구의 아픔이 마치 내 것처럼 느껴져서 서로에게 힘이 되어줄 수 있는 겁니다. 친구의 의미가 이렇게 크기에 누구나 신뢰할 수 있는 친구를 갖고 싶어 합니다. 그리고 친구가 없으면 고독하다는 생각을 합니다.

철학자 아리스토텔레스는 오직 인간에게만 우정이 가능하다고 말했습니다. 아리스토텔레스는 왜 그렇게 말했을까요? 개들에게도 친구는 있는 것 아닌가요? 개들도 자기들끼리 장난치고 놀잖아요. 그러나 아리스토텔레스가 한 말에는 인간에게만 진정한 우정이 가능하다는 뜻이 담겨 있습니다.

여러분도 여러 친구가 있겠지만 각각의 친구마다 조금 다른 의미를 지닐 겁니다. 그냥 알고 지내는 친구가 있을 수 있고, 말동무 정도의 친구도 있겠지요. 또 사랑하면서 존경하는 친구도 있을 겁니다.

아리스토텔레스가 염두에 두고 있는 우정은 서로 사랑하면서 존경하는 친구 관계입니다. 아리스토텔레스는 왜 이런 우정이 인간에게만 존재할 수 있다고 보는 것일까요? 이는 아리스토텔레스가 인간만이 완전한 존재가 되려는 열망을 갖고 있다고 보았기 때문입니다.

우정은 내가 성장하고 발전하는 데
어떤 도움이 되나요?

우리는 더 나은 존재가 되고 싶어 합니다. 예술가는 더 나은 예술가가 되고 싶어 하고, 정치가도 더 나은 정치가가 되고 싶어 합니다. 우리는 인간으로서도 지금보다 더 나은 인간, 곧 보다 자애롭고 지혜로운 인간이 되고 싶어 합니다.

아리스토텔레스는, 인간에게는 이렇게 더 완전한 존재가 되고 싶어 하는 열망이 있다고 보았습니다. 이러한 열망을 아리스토텔레스의 스승인 플라톤은 '에로스eros'라고 불렀지요.

에로스라는 말은 여러분도 한 번쯤은 들어보았을 겁니다. 보통은 남녀 간의 사랑을 가리키는 말로 쓰이지요. 그러나 플라톤은 이 말을 '완전한 상태를 구현하려는 열망'의 의미로 씁니다. 우리는 인간을 여러 가지로 정의할 수 있습니다. 인간은 이성적 동물이라는 정의도 있고, 인간은 도구를 사용할 줄 아는 동물이라는 정의도 있습니다. 또 인간은 유희하는 존재라는 정의도 있습니다. 플라톤과 아리스토텔레스는 인간을 '에로스적 동물'로 봅니다. 다시 말해 인간은 완전한 존재가 되려는 열망을 가진 존재라는 의미입니다.

인간은 다른 모든 동물과 마찬가지로 불완전한 존재입니다. 그러나 인간은 동물과 달리 자신이 불완전하다는 사실을 알고 있지요. 이러한 사실을 아는 것은 인간이 완전한 존재에 대한 어떤 관념을 갖고 있기 때문에 가능합니다.

완전한 존재는 전통적으로 '신'이라고 불렸습니다. 신은 전지전능하고 한없이 선한 존재라고 합니다. 반면 인간은 전지전능하지도 않고 한없이 선하지도 않습니다. 그러나 인간에게는 완전한 존재라는 관념이 있기에 자신이 불완전한 존재임을 압니다. 그리고 완전한 존재에 가까워지기 위해 노력합니다.

동물들은 어떤가요? 그들에게는 완전한 존재라는 관념이 없기에, 완전한 존재가 되려는 열망도 없고 그러한 존재가 되기 위한 노력도 하지 않습니다.

그런데 불완전한 존재에서 완전한 존재로 나아가는 것은 혼자의 힘만으로는 되지 않습니다. 이런 의미에서 아리스토텔레스는 인간을 '사회적 동물'이라고 불렀습니다. 그가 인간을 사회적 동물이라고 한 것은 인간이 단순히 집단을 이루고 이러한 집단의 도움으로 생존해나간다는 것을 의미하지는 않습니다. 그런 의미라면 동물도 사회적 동물이라고 해야 할 겁니다. 동물도 보통은 집단을 이루어 생활하고 집단의 도움으로 살아가니까요.

같은 집단생활을 하는데 인간은 동물과 어떤 차이가 있을까요? 인간이 하나의 '독립적인 존재'가 되기 위해서는 사회의 도움이 필요합니다. 다른 동물 대부분은 태어나자마자 얼마 안 되어 하나의 독립적인 존재가 됩니다. 송아지는 태어난 지 며칠 안 되어 스스로 걷기 시작하고 풀을 뜯으러 나갑니다. 이에 반해 인간은 하나의 독립적인 인간이 되는 데 오랜 시간이 걸립니다. 그뿐만 아니라 다른 사람들의 배려와 관심이 필요하지요.

인간만이 진정한 친구를 가질 수 있는 것은 인간이 에로스적 존재이고 사회적 동물이기 때문입니다. 아리스토텔레스는 한 인간이 완전한 인간으로 성숙하기 위해서는 부모나 학교 그리고 국가의 도움이 필요하지만, 누구보다 친구들의 도움이 절실하다고 보았습니다. 우리는 부모나 선생님에게서 많은 가르침을 받습니다. 하지만 친구들에게도 큰 영향을 받습니다.

'근묵자흑近墨者黑'이라는 말이 있어요. 먹물을 가까이하면 자기 옷도 까맣게 된다는 뜻입니다. 강한 아이들에게는 꼼짝도 못하면서 약한 아이들만 골라서 괴롭히는 비겁한 아이들을 보았을 겁니다. 그런 사람을 친구로 두면 자신도 그런 사람이 되기 쉽습니다. 이런 집단에서는 약한 애들을 많이 괴롭히면 괴롭힐수록 떠받들어집니다. 비뚤어진 가치관이 지배하기 때문이지요.

이에 반해 성실하고 다른 사람을 배려하는 훌륭한 인품의 소유자를 친구로 두면 어떨까요? 자신도 모르게 그런 친구를 본받으려 노력하게 됩니다. 사람은 대체로 가까이 있는 사람을 닮으려 하기 때문입니다.

내가 좋은 사람이 되면
곁에 좋은 친구들이 다가올까요?

아리스토텔레스는 참된 우정이란 서로가 완전한 인간이 되도록 독려(감독하고 격려함)하고 돕는 관계라고 보았습니다. 진정한 친구는 친구를 사랑하지만 그렇다고 해서 친구를 무조건 감싸지는 않습니다. 친구가 잘못하거나 노력을 게을리하면 친구를 비판할 줄도 압니다. 그리고 자신에 대해서 친구가 비판을 하더라도 그 비판에 귀를 기울이고 감사하는 마음을 갖습니다.

그렇다면 신에게는 우정이 존재하지 않을까요? 신은 이미 완전한 존재이기에 완전해지려고 노력할 필요가 없습니다. 따라서 그러한 노력을 도와줄 존재도 필요하지 않지요. 이런 이유로 아리스토텔레스는 인간에게만 우정이 있다고 한 것입니다. 동물은 인간과 마찬가지로 불완전하지만 완전한 존재에 대한 관념이 없다고 앞서 말했지요. 그러니 완전해지기 위한 노력도 하지 않습니다.

우리 속담에 어떤 사람이 사귀는 친구를 보면 그 사람을 안다는 말이 있습니다. 인격적으로 훌륭한 사람을 보면 그 친구들도 인격적으로 훌륭한 것이 보통입니다. 아무래도 사람은 자기와 통하는 사람, 비슷한 사람과 만나게 마련이니까요. 이러한 사실을 보면 아리스토텔레스의 말에 수긍이 가지요? '우정이라는 것은 완전한 존재가 되기 위해서 함께 노력하는 것'이라던 그의 말이 현실과 동떨어진 이상적인 말만은 아닙니다.

함께 생각하기

친구가 하는 비판의 말에는 귀를 기울여야 합니다. 하지만 내 약점을 건드리면서 말로 상처를 주는 친구가 있다면 그런 친구의 말도 비판의 말로 받아들여야 할까요? 건전한 비판과 의도적 비난을 어떻게 구분할 수 있을까요?

동정과 우정은
어떻게 구분할 수 있을까요?

니체는 "동정이 아니라 우정!"이라고 외쳤습니다. 동정은 불쌍한 사람을 보면서 안쓰럽게 생각하는 마음입니다. 동정심은 흔히 선한 마음으로 찬양받습니다. '동정심이 많다'는 것은 보통 칭찬의 말로 쓰이지요. 그런데 니체는 왜 동정을 비판하고 우정을 찬양하는 것일까요? 이는 니체 역시 우정을 아리스토텔레스와 동일하게 파악하고 있기 때문입니다. 니체에게도 우정이란 서로 완전한 존재가 될 수 있도록 독려하고 돕는 관계입니다.

이러한 우정에는 상대방에 대한 존경과 존중이 전제되어 있습니다. 참된 우정을 나누는 친구들은 상대방이 완전한 존재가 될 수 있다고 생각하며 서로 믿습니다. 상대방의 능력과 성실함을 신뢰하고 그런 상대방을 존경합니다. 그럼 상대방을 동정할 때는 어떨까요?

우리는 동정받는 사람을 불쌍하게 생각할 뿐 존경하지는 않습니다. 그리고 그를 도우면서도 그가 홀로 일어설 수 있다고 확신하지는 않지요. 예를 들어 헐벗은 차림으로 구걸하는 사람이 있다고 합시다. 그에게 1000원짜리 한 장을 줄 때 우리는 그 사람이 그것으로 거지 생활을 그만둘 거라고 생각하지 않습니다. 그 사람이 한두 끼 밥을 먹고 연명하는 데 도움이 되기를 바랄 뿐입니다.

니체가 동정이 아니라 우정을 주창(어떤 주의나 사상을 앞장서서 주장하는 것)했던 이유가 바로 여기에 있습니다. 동정에는 상대방에 대한 믿음과 존중이 들어 있지 않기 때문입니다.

누구나 한 번쯤은 다른 사람의 동정 때문에 자존심이 상한 적이 있을 겁니다. 저는 젊은 시절 무척 말랐었는데 사람들이 저에게 하는 동정의 소리에 기분이 나빴던 적이 많습니다. 사람들은 제게 이렇게 말하곤 했습니다. "왜 이렇게 말랐어? 무슨 병이 있는 거 아냐?" 이때 사람들이 제게 보였던 동정은 우리가 거지에게 1000원짜리 한 장을 주면서 갖는 동정과 그리

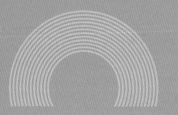

사유의 새로운 지평

Philos 시리즈

인문·사회·과학 분야 석학의 문제의식을 담아낸 역작들
앎과 지혜를 사랑하는 사람들을 위한 우리 시대의 지적 유산

arte

<u>Philos 001–003</u>

경이로운 철학의 역사 1-3

움베르토 에코·리카르도 페드리가 편저 | 윤병언 옮김

문화사로 엮은 철학적 사유의 계보

움베르토 에코가 기획 편저한 서양 지성사 프로젝트
당대의 문화를 통해 '철학의 길'을 잇는 인문학 대장정

165*240mm | 각 904쪽, 896쪽, 1096쪽 | 각 98,000원

<u>Philos 004</u>

신화의 힘

조셉 캠벨·빌 모이어스 지음 | 이윤기 옮김

왜 신화를 읽어야 하는가

우리 시대 최고의 신화 해설자 조셉 캠벨과
인터뷰 전문 기자 빌 모이어스의 지적 대담

163*223mm | 416쪽 | 28,000원

<u>Philos 005</u>

장인: 현대문명이 잃어버린 생각하는 손

리처드 세넷 지음 | 김홍식 옮김

"만드는 일이 곧 생각의 과정이다"

그리스의 도공부터 디지털시대 리눅스 프로그래머까지
세계적 석학 리처드 세넷의 '신(新) 장인론'

152*225mm | 496쪽 | 38,000원

<u>Philos 006</u>

레오나르도 다빈치:
인간 역사의 가장 위대한 상상력과 창의력

월터 아이작슨 지음 | 신봉아 옮김

"다빈치는 스티브 잡스의 심장이었다!"

7200페이지 다빈치 노트에 담긴 창의력 비밀
혁신가들의 영원한 교과서, 다빈치의 상상력을 파헤치다

160*230mm | 720쪽 | 68,000원

<u>Philos 007</u>

제프리 삭스 지리 기술 제도:
7번의 세계화로 본 인류의 미래

제프리 삭스 지음 | 이종인 옮김

지리, 기술, 제도로 예측하는 연결된 미래

문명 탄생 이전부터 교류해 온 인류의 7만 년 역사를 통해
상식을 뒤바꾸는 협력의 시대를 구상하다

152*223mm | 400쪽 | 38,000원

Philos Feminism

기꺼이 맞서 새 시대를 연 여성들의 목소리
쟁점을 사유하고 새로운 화두를 던지는 이 시대의 고전

Philos 018

느낌의 발견: 의식을 만들어 내는 몸과 정서

안토니오 다마지오 지음 | 고현석 옮김 | 박한선 감수·해제

느낌과 정서에서 찾는 의식과 자아의 기원

'다마지오 3부작' 중 두 번째 책이자 느낌-의식 연구에 혁명
적 진보를 가져온 뇌과학의 고전. 다양한 임상사례를 근거로
몸과 정서가 긴밀히 상호 연관되어 우리의 의식과 자아를 형
성한다는 사실을 밝힌다.

135*218mm | 544쪽 | 38,000원

Philos 019

현대사상 입문: 데리다, 들뢰즈, 푸코에서
메이야수, 하먼, 라뤼엘까지 인생을 바꾸는 철학

지바 마사야 지음 | 김상운 옮김

인생의 '다양성'을 지키기 위한 현대사상의 진수

아마존재팬 철학 분야 1위, '신서대상 2023' 대상 수상작.
이해하기 쉽고, 삶에 적용할 수 있으며, 무엇보다도 마음을
위로하고 격려하는 궁극의 철학 입문서.

132*204mm | 264쪽 | 24,000원

Philos 020

자유시장: 키케로에서 프리드먼까지,
세계를 지배한 2000년 경제사상사

제이컵 솔 지음 | 홍기빈 옮김

당신이 몰랐던, 자유시장과 국부론의
새로운 기원과 미래

'애덤 스미스 신화'에 대한 파격적인 재해석.
시장과 정부, 자유와 통제를 논한 2000년 경제사상사에서
새로운 자유시장을 위한 통찰과 경제위기의 해법을 찾는다.

132*204mm | 440쪽 | 34,000원

Philos 021

지식의 기초: 수와 인류의 3000년 과학철학사

데이비드 니런버그·리카도 L. 니런버그 지음 | 이승희 옮김 | 김민형 해제

서양 사상의 초석, 수의 철학사를 탐구하다

고대 그리스철학과 유일신교의 부상에서부터 근대 물리학과
경제학의 출현까지, '셀 수 없는' 세계와 '셀 수 있는' 세계의
두 문화와 인문학, 자연과학, 사회과학을 넘나드는,
수를 둘러싼 심오하고 매혹적인 삶의 지식사.

132*204mm | 626쪽 | 38,000원

다르지 않습니다.

사람들은 사실 내가 왜 말랐는지에 대해서 진지하게 관심을 갖고 걱정했던 것이 아닙니다. 정말로 관심이 있다면 몸이 마른 상태에서 벗어날 방법을 함께 찾아보자고 했겠지요. 구걸하는 거지를 대하는 우리의 태도 역시 마찬가지입니다. 그 사람에게 진정으로 애정과 관심이 있다면 1000원짜리 한 장을 던져주기보다는 거지 생활에서 벗어날 수 있는 방법을 함께 찾아보자고 할 겁니다.

그러나 우리의 동정은 대부분의 경우 값싼 동정에 지나지 않습니다. 우리는 말 한마디, 돈 몇 푼에 불과한 동정을 베풀고는 자신을 선량한 사람이라고 생각합니다. 그리고 자신이 그들처럼 불쌍한 처지에 빠지지 않은 것을 다행으로 여깁니다.

우정은 이런 동정과는 다릅니다. 상대방에 대한 진지한 관심과 존중이 바탕에 자리합니다. 진정한 친구는 상대방의 잠재력을 믿습니다. 상대방이 설령 큰 실패로 좌절에 빠져 있더라도 진정한 친구는 그가 다시 일어설 수 있다고 믿지요. 그러면서 친구가 다시 일어설 수 있는 방법을 함께 찾습니다. 그런데도 여전히 친구가 좌절에 빠져 있으면 친구를 위로하기도 하고 혼내기도 하면서 다시 일어설 수 있도록 독려합니다. 니체는 『차

라투스트라는 이렇게 말했다』에서 다음과 같이 말합니다.

"그대에게 고통받는 친구가 있다면 그의 고민에 휴식처가 되도록 하라. 그러나 딱딱한 침대, 야전침대가 되도록 하라. 그러면 그대는 그에게 가장 많이 유용한 존재가 될 것이다."

니체는 이 책에서 친구가 고통을 받고 있으면 친구를 위로해주고 친구가 고통에서 벗어나는 데 도움이 되라고 말합니다. 그런데 눈여겨볼 대목이 있습니다. 니체는 그 친구에게 '딱딱한 야전침대'가 되라고 말합니다. 병상용 침대와는 달리 딱딱한 야전침대는 전쟁터에서 일시적인 휴식을 취하는 데 사용되지요. 본래 건강한 사람은 야전침대에서 잠시 휴식을 취하고도 쉽게 기력을 회복합니다.

진정한 친구는 상대방의 잠재력을 신뢰합니다. 따라서 상대방이 좌절에 빠져 있을 때 위로와 힘도 주겠지만 동시에 그가 자신의 잠재력을 활발하게 다시 발휘할 수 있도록 독려할 게 분명합니다. 이런 의미에서 진정한 친구는 상대방에게 환자가 눕는 병상용 침대가 아닌 야전침대가 되어야 하는 것이지요.

친구에게 좋은 일이 있을 때
함께 기뻐해주고 싶어요!

니체는 우정의 가장 근본적인 특성 중 하나를 동락^{同樂, Mitfreude}
이라고 봅니다. 동정을 의미하는 독일어 'Mitleid'는 '고통^{Leid}을
함께^{Mit} 하는 것'을 의미합니다. 하지만 동락을 의미하는 독일어
'Mitfreude'는 '기쁨^{Freude}을 함께^{Mit}하는 것'을 의미합니다.

타인의 고통을 함께 느끼는 것은 그리 어렵지 않습니다. 하지
만 타인의 기쁨을 함께 느끼는 것은 꽤 어렵습니다. 타인의 실
패와 좌절에 대해서 동정하는 건 쉽지만 타인의 성공을 함께 기
뻐하는 건 쉽지 않습니다. 서울대에 입학하지 못한 친구의 고통
을 함께 느끼기는 어렵지 않습니다. 그런데 자신은 서울대에 합
격하지 못한 반면 친구가 서울대에 합격했다면 어떨까요? 이때

친구의 기쁨을 진심으로 함께 나누기는 정말 어렵습니다.

우리 모두에게는 자신이 남들보다 우월해지길 바라는 마음이 있습니다. 또한 타인의 성공을 시기하는 마음도 강하게 자리하고 있습니다. 우리가 동정을 느끼는 사람들은 나의 자존심과 자부심을 상하게 하지는 않습니다. 오히려 우리는 은연중에 그 사람들과 달리 불행한 처지에 빠지지 않은 자신의 처지에 만족을 느낍니다.

이와 달리 우리보다 성공한 사람들에 대해서는 질투와 시기심을 느끼게 되지요. 아울러 그 사람보다 못한 자기 자신에 대해서 열등의식을 느끼기 쉽습니다. 인기 연예인들을 비롯해 유명인들과 관련해 인터넷 댓글 창에 실리는 악플들을 보세요. 거기서 우리는 이러한 시기심과 열등의식의 악취를 맡을 수 있습니다.

니체는 참된 우정은 친구가 더 훌륭한 인간으로 성장하는 것을 함께 기뻐하는 마음이라고 말합니다. 고통을 느낄 때 고통에서 벗어나 일어설 수 있도록 위로와 힘을 주고, 기쁨을 느낄 때 기쁨을 함께 나누면서 기쁨을 두 배로 만들어주는 친구. 이런 친구를 갖기 위해서는 어떻게 해야 할까요? 아마도 본인이 먼저 그런 훌륭한 친구가 되어야 할 겁니다. 이런 친구는 누구나 원하기에 내가 먼저 그런 친구가 되어야 합니다. 그러면 그런 친구가 되겠다며 다가올 사람이 있겠지요.

아리스토텔레스나 니체가 말하는 우정은 이상일 뿐이며 현실에선 불가능하다고 말하는 사람들이 있을지도 모르겠습니다. 사실 이러한 이상을 완벽하게 실현한 우정이 현실에 존재하기는 어려울 수 있습니다. 그러나 그러한 이상에 가까운 우정이 우리 주변에 없는 건 아닙니다. 여러분들도 그런 우정을 향해 나아가기를 바랍니다.

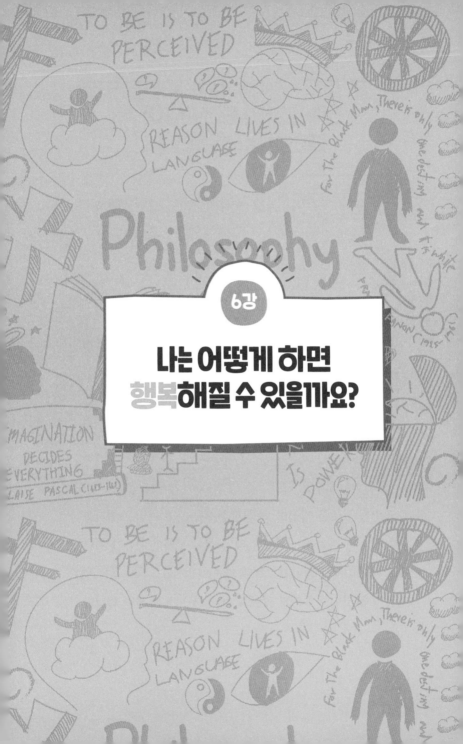

6강

나는 어떻게 하면
행복해질 수 있을까요?

행복은 과연 몸과 마음이
편안한 상태일까요?

인간이라면 누구나 행복을 누리고 싶어 합니다. 불행해지고 싶은 사람은 한 명도 없지요. 그러나 이런 바람과 달리 세상에는 불행한 사람들이 많습니다. 또한 우리도 항상 행복을 느끼지는 않습니다. 행복해지고 싶어 하면서도 우리는 왜 불행해지는 것이며, 또 불행을 느끼는 걸까요? 여러분들은 이런 문제에 대해서 생각해본 적이 있나요?

사람들은 보통 자신이 왜 불행한지를 분명히 알고 있다고 생각합니다. 사람들은 가난할 때 자신이 불행한 이유가 가난 때문이라고 생각합니다. 그런데 과연 그럴까요? 부처 같은 사람은 아무것도 소유하지 않았고 하루 한 끼의 식사만 했지만 그래도 행복했습니다. 굳이 부처까지 끌어들이지 않더라도 가난한 사람들 모두가 불행하지는 않습니다. 어떤 사람은 가난한데도 행복합니다. 이는 행복이라는 문제가 우리가 생각하는 것처럼 단순하지 않다는 사실을 보여줍니다.

행복이란 무엇일까요? 그리고 어떻게 하면 우리는 행복해질 수 있을까요? 사람들은 보통 행복을 몸과 마음이 편안한 상태라고 봅니다. 그런데 과연 이런 것이 행복일까요?

연쇄살인마로 악명을 떨쳤던 유영철의 예를 봅시다. 그는 살인을 하고 오면 마음이 너무나 황홀하고 평안했다고 합니다. 이런 살인마가 느끼는 황홀하고 평안한 마음 상태가 참된 행복이라고 할 수 있을까요?

몸과 마음이 평안한 상태를 행복으로 여긴다면 이순신 장군 같은 분은 불행한 삶을 살았다고 보아야 할 겁니다. 이순신 장군은 몸과 마음이 편안한 삶을 살지 않았으니까요. 특히 임진왜란이 일어났을 때 이순신 장군은 조선을 일본의 침략에서 구하기 위해 노심초사하셨을 테지요. 돌아가실 때도 일본군의 총에 맞아 돌아가셨으니 육체적으로 큰 고통을 느끼셨을 테고요. 평안한 삶과는 거리가 있지요.

이순신 장군은 자신의 삶에 대해서 어떻게 생각했을까요?

자신의 삶을 불행하다고 느끼지 않으셨을 겁니다. 오히려 자신의 노력으로 국가가 위기에서 벗어나는 것을 볼 때마다 뿌듯함을 느끼셨을 겁니다.

행복은 고난이나 고통과
모순되는 것일까요?

과연 우리가 추구하는 것은 몸과 마음의 평안일까요? 오히려 우리는 몸과 마음이 불편해지더라도 '좋은 삶', '후회하지 않을 삶'을 추구하는 것은 아닐까요? 아무리 몸과 마음이 평안해도 그러한 상태가 좋은 삶을 산 결과로 얻어진 것이 아니라면 그것은 불행한 삶이 아닌가 싶습니다.

아리스토텔레스는 삶의 궁극목적은 에우다이모니아εὐδαιμονία 라고 보았습니다. 사람들은 보통 이 말을 '행복'이라고 번역합니다. 그러나 이 말은 사실은 '성공적인 삶'을 의미하지요. 이 경우 아리스토텔레스가 염두에 둔 성공적인 삶은 사회에서 부와 명예를 이루는 것을 의미하지 않습니다. 그가 말하는 에우다이모니아는 훌륭하고 좋은 삶입니다.

아리스토텔레스는 좋은 삶을 산 사람은 설령 그러한 삶을 살기 위해 몸과 마음이 고단했을지라도 자신의 삶에 만족할 수 있다고 봅니다. 이순신 장군은 위기에 빠진 조국을 위해 전력을 다한 자신의 삶에 후회하지 않고 만족했을 겁니다. 물론 몸은 힘들고 마음은 전쟁에서 패할까 항상 노심초사했겠지요. 그러면서도 이순신 장군은 '왜 이런 삶을 살아야 하는가'라고 회의(마음속에 의심을 품는 것)하거나 후회하지 않았을 겁니다. 이순신 장군은 자신의 그런 삶에 만족했을 테니까요.

우리 모두 이순신 장군처럼 살 수는 없지만 이순신 장군처럼 살기를 바랍니다. 이는 우리가 의식적으로든 무의식적으로든 참으로 좋은 삶과 그렇지 않은 삶을 구별하기 때문이지요. 진정한 행복과 거짓된 행복을 구별하는 겁니다. 단순히 몸과 마음이 편한 것은 참된 삶과 거짓된 삶, 진정한 행복과 거짓된 행복을 구별하는 기준이 되기에는 너무나 부족합니다.

물론 행복에는 어떤 만족감이 따라주어야 합니다. 이런 점에서 보자면 마음이 편안한 것이 행복에서 반드시 필요한 요소라고 할 수 있습니다. 그러나 이때 마음이 만족하고 편한 상태가 어떤 상태인지가 중요합니다. 모든 고민에서 벗어나 황홀한 상태에 있는 것이 마음이 만족하고 편한 상태인 것은 아닙니다. 수학에 큰 흥미가 있는 사람은 수학 문제가 잘 안 풀릴 때 스트레스를 받겠지요. 반면 고심하던 문제가 풀리면 희열을 느낄 겁니다. 그렇다고 해서 수학 문제가 안 풀려서 스트레스를 받는 수학자를 불행하다고 할 수는 없습니다. 그는 자신이 좋아하는 학문에 몰입할 수 있는 자기 삶에 만족을 느낄 것입니다.

미켈란젤로 부오나로티 같은 위대한 화가이자 조각가도 마찬가지입니다. 그림을 그리거나 조각을 할 때 자기 뜻대로 되지 않는 경험을 했을 겁니다. 그러나 뜻대로 되지 않는 상황마저도 그에게는 소중한 시간이었으리라 봅니다. 자신이 그림을 그릴 수 있고 조각을 할 수 있다는 데서 분명 뿌듯함과 만족을 느꼈을 테니까요.

로마의 바티칸 성당에는 미켈란젤로의 조각상 '피에타'가 전시돼 있습니다. 미켈란젤로는 "나는 조각을 하는 것이 아니라 돌 안에 숨어 있는 형상을 꺼내줄 뿐이다."라는 말을 한 것으로도 잘 알려져 있지요. 그래서 언제나 완벽한 돌을 찾아 헤맸습니다. 피에타를 조각할 때는 무려 9개월이 넘는 시간을 들여 돌을 캐내고 운반했다고 합니다. 그 과정이 얼마나 힘들었을지 짐작되지 않나요? 그러나 돌 속에 숨은 형상을 꺼내어 영혼을 불어넣으면서 그는 만족과 행복을 느꼈을 겁니다.

이처럼 진정한 행복과 만족감은 고난이나 고통과 모순되는 것이 아닙니다. 이순신 장군의 예에서 보듯이 우리는 고난을 겪으면서도 자신이 훌륭한 삶을 살고 있다는 사실에 만족과 뿌듯함을 느낄 수 있습니다.

이성적 능력을 잘 실현하면
행복이 찾아올까요?

아리스토텔레스는 '행복한 삶은 우리의 이성적인 능력을 훌륭하게 발휘하는 데 있다'고 보았습니다. 아리스토텔레스가 이렇게 주장한 데는 이유가 있지요. 그는 인간의 본질을 이성적 능력에서 찾기 때문입니다. 아리스토텔레스에 따르면, 닭은 닭답게 살고 소는 소답게 사는 것이 가장 행복한 삶이라고 합니다. 마찬가지로 인간은 인간답게 사는 것이 가장 행복합니다.

닭은 넓은 마당에서 뛰어놀면서 살아야 행복할 겁니다. 그러나 오늘날에는 어떤가요? 수많은 닭이 움직일 수도 없는 비좁은 공간에서 사육되며 달걀을 낳는 기계로 삽니다. 소 역시 마찬가지입니다. 소는 넓은 목초지를 돌아다니면서 풀을 뜯어 먹고 살아야 행복할 겁니다. 그러나 오늘날에는 소 역시 비좁은 공간에서 움직이지 못하도록 사육됩니다. 소가 움직이면 근육이 생겨 고기가 질겨지고 맛이 떨어지기 때문이지요.

아리스토텔레스는 '인간은 자신의 이성적 능력을 잘 발휘하면서 살 때 가장 행복하다'고 봅니다. 곧 자신의 삶에 가장 만족할 수 있다는 겁니다. 아리스토텔레스는 이성적인 능력을 실천적 이성과 이론적 이성으로 나누었습니다. 실천적 이성은 매사 중용에 맞게 행동하는 이성을 가리킵니다. 아리스토텔레스는 실천적 이성을 '프로네시스phronesis'라고 불렀습니다.

지나치지도 부족하지도
않은 상태

예를 들어 용기는 만용과 비겁의 중용입니다. 적과 싸우다 보면 물러나야 하는 상황이 있습니다. 그런데도 쓸데없는 자존심 때문에 무리하게 맞싸우다가 모든 부대원이 몰살당하는 것은 만용입니다. 반대로 모든 부대원이 전멸할 각오로 싸워야 할 상황인데도 목숨이 아까워서 도망가는 것은 비겁입니다.

그렇다면 용기는 어떤 것일까요? 싸워야 하는 상황에서는 죽을 각오로 싸우고, 후퇴해야 하는 상황에서는 자존심 따위는 고려하지 않고 후퇴하는 겁니다. 이것이 바로 용기입니다.

이러한 예에서 볼 수 있듯이 실천적 이성은 각기 다른 상황에서 자신이 어떻게 행동해야 하는지를 올바르게 통찰하는 이성입니다. 그러나 이러한 이성은 단순히 머리로만 파악하는 것이 아니지요. 자신의 통찰을 행동으로 옮길 수 있는 강한 의지력이 포함된 이성이기도 합니다. 강한 의지력이 없다면 어떨까요? 죽음을 각오하고 싸워야 한다는 사실을 알면서도 두려움 때문에 도망치기에 바쁠 겁니다.

우리가 매사 중용에 맞게 행동해야 하는 이유는 무엇일까요? 그것이 자신에게 가장 이익이 되기 때문만은 아닙니다. 뛰어난 사기꾼은 자신의 이익을 위해 모든 상황에서 적절하게 행동합니다. 다른 사람들에게 자신을 정직한 사람으로 보여야 하는 상황에 놓이면 사기꾼은 자신이 세상에서 가장 정직한 인간인 것처럼 꾸밉니다. 필요하다면 서슴없이 눈물도 흘리겠지요. 그러면서 자신이 얼마나 정직하고 진실한 인간인지를 보여주려 애를 쓸 겁니다.

그러나 아리스토텔레스는 이러한 사람을 '중용을 실현하는 현명한 인간'으로 보지 않습니다. 오히려 교활한 인간으로 볼 겁니다. 매사에 중용을 지키는 사람은 자신의 이익과 공동체의 이익이 충돌할 때 단호하게 공동체의 이익을 선택합니다.

전투가 벌어지는 상황을 다시 예로 들어봅시다. 중용을 지키는 사람은 전투에서 도망쳐 살아남는 것이 공동체 전체의 패배를 가져온다면 죽음을 각오하고 싸웁니다. 물론 자신의 이익과 공동체의 이익이 충돌하지 않을 때도 마찬가지입니다. 그는 자신뿐 아니라 공동체에도 도움이 되는 방식으로 행동합니다.

우리는 매사 중용을 지키면서 공동체에 도움이 되는 방식으로 행동하는 사람을 현명한 사람, 곧 현인이라고 부릅니다.

모르는 것을 알아가며 몰입할 때 행복감이 느껴져요!

아리스토텔레스는 이론적 이성이야말로 우리에게 가장 큰 행복을 가져다준다고 보았습니다. 이론적 이성은 학문을 하는 이성입니다. 학문을 하는 이성과 실천적 이성은 분명히 다릅니다. 아무리 뛰어난 정치학자라고 해도 정치를 잘한다는 보장은 없습니다. 마찬가지로 정치학을 전혀 공부하지 않은 사람이라해도 현명하게 정치를 할 수 있습니다.

정치학을 비롯한 모든 학문은 모든 상황에 적용되는 보편적인 법칙을 탐구하는 데 몰두합니다. 예를 들어 정치학은 사람들이 권력을 장악하게 되는 보편적인 법칙을 연구합니다. 이에 반해 실천적 이성은 특정한 상황에서 적절한 행동이 무엇인지를 알아차리는 이성입니다. 그런데 우리가 처한 상황은 끊임없이 변화합니다. 따라서 각기 다른 상황에서 어떤 행동이 적절한지를 파악하기 위해서는 단순히 학문이 밝혀낸 일반 법칙을 적용하는 것만으로는 충분하지 않습니다. 왜냐하면 일반 법칙으로는 설명할 수 없는 특수한 상황이 너무 많기 때문이지요.

정주영 회장 같은 사람은 경제학을 체계적으로 배운 적이 없습니다. 그러나 어떤 상황에서 어떤 사업에 투자해야 하고 어느 정도 투자를 해야 하는지 그 어떤 경제학자보다도 잘 파악했습니다. 정주영 회장은 이론적 이성은 부족했을지 모르지만 실천적 이성은 뛰어난 사람이었기 때문입니다.

아리스토텔레스는 학문이 지닌 이러한 한계에도 불구하고 학문이야말로 우리에게 가장 큰 행복을 선사한다고 보았습니다. 아리스토텔레스의 이런 말이 의아하게 들릴지도 모르겠습니다. 사람들은 보통 공부하는 것을 행복은커녕 고통이라고 생각하니까요.

그러나 곰곰이 한번 기억을 더듬어보세요. 자신이 좋아하는 과목을 공부하면서 몰입의 기쁨을 느껴본 적이 있지 않나요? 몰랐던 것을 알아가는 재미에 흠뻑 빠져본 경험이 한두 번쯤은 있을 겁니다. 학문을 하면서 이처럼 몰입의 기쁨을 느낄 수 있는 것은 무엇 때문일까요? 아리스토텔레스에 따르면 인간에게는 원래부터 지적인 호기심이 존재한다고 합니다. 그래서 모르던 것을 알게 될 때 쾌감을 느낀다는 것이지요.

아리스토텔레스는 학문을 정말 좋아했던 사람으로 보입니다. 그는 청동 구슬을 손에 쥐고 공부를 했다고 합니다. 손 밑에는 접시를 놓아두었고요. 왜 그랬을까요? 졸려서 손이 풀어지면 청동 구슬이 접시에 떨어지고, 이때 나는 소리 때문에 잠에서 깰 수 있기 때문입니다. 아리스토텔레스는 잠자는 시간도 아까울 정도로 공부하는 것이 좋았던 모양입니다.

아리스토텔레스는 실천적 이성과 이론적 이성 외에도 인간이 행복하기 위해 필요한 다른 조건이 있다고 했습니다. 몸이 건강해야 하고 남에게 의존하지 않을 정도의 재산이 있어야 한다고 했지요. 사실 몸이 건강하지 않으면 그 누구라도 자신의 삶에 만족하기 어렵습니다. 또한 경제적으로 다른 사람에게 예속되어 있는 사람은 행복하기 어렵습니다. 다른 사람에게 큰 빚을 져서 끊임없이 빚을 갚으라는 독촉을 받는 사람의 삶이 만족스러울 수는 없을 테니까요.

힘든 일을 이겨냈을 때 느껴지는 뿌듯함은 뭘까요?

니체는 '행복은 저항을 극복하는 것'이라고 말했습니다. 우리는 어떤 고난을 이기고 자신이 원하던 것을 성취했을 때 뿌듯함과 자부심을 느낍니다. 에베레스트산을 올라가는 등산가는 온갖 어려움을 극복하고 에베레스트산 정상에 올라섰을 때 자신에 대해 큰 자부심을 느낄 겁니다. 이처럼 우리는 어려움을 극복하면서 자신이 원하던 것을 이룰 때 뿌듯함을 느끼지요. 니체는 이것을 '행복'이라고 보았습니다.

니체의 이러한 견해는 언뜻 보기에는 아리스토텔레스의 견해와 다른 것처럼 보입니다. 그러나 두 철학자는 사실 같은 이야기를 하고 있습니다. 아리스토텔레스가 말하는 훌륭한 인간은 매사에 중용을 실천하는 인간입니다.

그런데 이렇게 중용을 실천하기 위해서는 고난이나 고통을 회피하거나 그것들에 쉽게 굴복해서는 안 됩니다. 오히려 중용을 실천하는 것에는 고난과 고통이 따를 수도 있습니다. 그럼에도 훌륭한 인간은 매사에 중용을 지키지요. 그리고 그런 자신에게 뿌듯함과 자부심을 느낍니다.

저항을 극복함으로써 느끼는 행복

니체는 행복이란 무엇인지를 자신의 책 『안티크리스트』에서 한마디로 정의하고 있습니다. "행복이란 무엇인가? 힘이 증가되고 있다는 느낌, 저항을 초극했다는 느낌을 말한다."

행복이 무엇인지에 대해서 니체처럼 생각한 적이 있나요? 아마도 행복에 대해 니체처럼 생각한 사람은 드물 것으로 여겨집니다. 사람들은 행복을 흔히 '마음이 즐거운 상태'나 '마음이 편한 상태'라고 여기지요. 그러나 니체는 '마음의 평안이나 즐거움'을 추구하는 사람들은 생명력이 쇠약한 자들이라고 봅니다. 이들은 위험을 피하고 사람들이나 사회와의 갈등도 피하면서 매사에 편한 것을 추구하지요. 이에 반해 생명력이 넘치는 사람들은 위험에 맞서고 모험을 추구하면서 자신이 얼마나 힘이 강하고 또 위대한지를 시험해보고 싶어 합니다.

니체는 생명력이 넘치는 청년기는 위험과 모험을 추구한다고 보았습니다. 위험이나 모험과 대결함으로써 자신의 위대함을 느끼고 싶어 하는 패기가 넘치는 시기라고 여긴 것이지요. 이에 반해 생명력이 쇠퇴하여 노인이 될 때 사람들은 몸과 마음이 편한 것을 최고의 가치라고 여기게 됩니다. 따라서 니체가 '저항을 극복하는 자신의 강한 힘에 대해서 뿌듯함을 느끼는 상태'를 행복이라고 정의할 때, 니체는 생명력이 넘치는 사람들이 지향하는 행복을 염두에 두고 있습니다.

니체는 그리스·로마인들을 지배했던 정신은 스스로 고난과 위험을 찾아 그것과 대결함으로써 자신의 힘을 느끼고자 하는 '청년의 정신'이라고 보았습니다. 그러나 로마제국이 몰락한 후 서양은 기독교가 지배하면서 사람들은 고통과 위험이 사라진 상태를 이상적인 상태로 생각하게 되었지요. 기독교인들이 가고 싶어 하는 천국은 모든 고통과 위험이 사라지고 안락만 존재하는 곳입니다.

니체는 근대에 들어와 기독교의 힘이 약화된 후에도 사람들은 이러한 기독교적 사고방식에 여전히 사로잡혀 있다고 보았습니다. 근대인들도 몸과 마음이 안락한 상태를 행복으로 생각하고 있다는 것이지요. 다만 근대인들은 천국이 아니라 현세에서 이러한 상태를 구현하려는 점이 다릅니다. 근대인들은 과학기술의 발전을 통해서 물질적인 안정과 풍요를 구현하고 국가가 국민들의 안녕을 세심하게 보살피는 복지국가를 실현하려고 하지요. 이를 통해 세계에서 고통과 고난 그리고 위험을 제거하려고 합니다. 니체는 이 점을 근거로 근대세계는 고통과 고난을 두려워하면서 피하고 싶어 하는 노인의 정신이 지배하고 있다고 보았습니다.

니체의 생각이 상당히 놀랍지 않나요? 그러나 곰곰이 생각해보면 우리도 마냥 몸과 마음이 편한 상태만을 추구하지는 않습니다. 우리 안에는 이순신 장군이나 미켈란젤로 같은 사람이 되고 싶어 하는 마음도 있으니까요.

우리가 이들을 존경하는 이유는 이들이 몸과 마음이 편한 상태를 추구했기 때문이 아닙니다. 이순신 장군은 온갖 고통과 고난을 겪었으나 그것들에 꺾이지 않고 자신의 능력을 최고도로 발휘해 나라를 구했습니다. 미켈란젤로의 인생 역시 편하기만 하진 않았어요. 미켈란젤로는 바티칸에 있는 시스티나 성당의 천장에 〈천지창조〉를 그릴 때 엄청난 고통을 겪었습니다. 물감은 계속 눈으로 떨어졌고 하루 종일 서서 목을 젖힌 채 천장을 바라보며 그림을 그려야 했으니 얼마나 고통스러웠겠어요. 그럼에도 미켈란젤로는 이러한 작업을 4년이 넘도록 계속했습니다.

이순신 장군이나 미켈란젤로의 이러한 삶을 알면서도 우리에게는 이들처럼 되고 싶어 하는 욕망이 있습니다. 니체의 이야기는 이해하기 어렵지만 우리의 숨은 욕망을 잘 표현하고 있는 것만은 분명합니다.

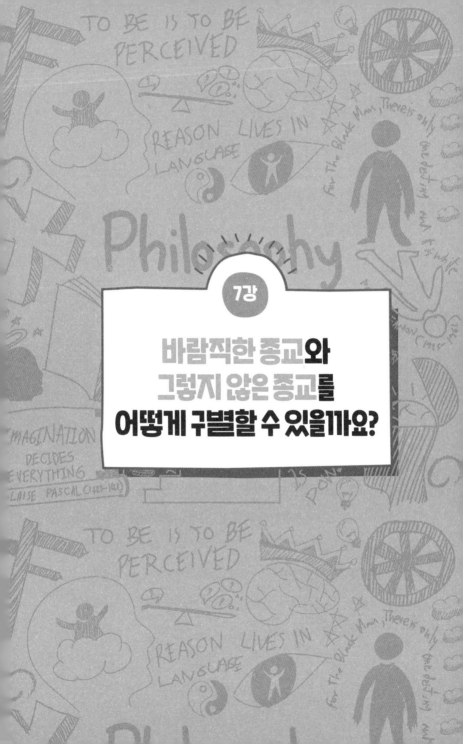

7강

바람직한 종교와 그렇지 않은 종교를 어떻게 구별할 수 있을까요?

사람들이 종교를
믿는 이유가 궁금해요!

우리는 앞서 인간과 동물의 차이를 살펴보았습니다. 그중 가장 두드러진 차이가 있었지요. 동물에게서는 볼 수 없는 현상, 바로 종교입니다. 신을 경배하기 위해서 신전을 짓는 동물은 오직 인간뿐입니다. 인류는 몇천 년 전부터 신을 믿었습니다. 그리스인들은 제우스신을 섬겼고, 우리 민족은 단군을 신으로 섬겼습니다. 인류의 생각과 행동을 가장 오랫동안 규정한 것은 합리적사고를 바탕으로 한 철학이나 과학이 아니라 신화였습니다.

오늘날 우리는 그리스신화나 단군신화 같은 이야기를 한낱신화, 곧 허구(사실이 아닌데 사실인 것처럼 지어낸 것)로 간주합니다. 이에 반해 기독교나 이슬람교를 믿는 사람들은 자신들의 종교를 신화가 아니라 진리라고 여깁니다. 그러나 그리스인들 역시 마찬가지였어요. 자신들의 신화를 허구가 아닌 진리라고 믿었습니다. 여호와나 알라를 믿는 사람들이 신전을 만들어 신들을 경배했던 것처럼 그리스인들도 신전을 만들어 신들을 지극정성으로 섬겼습니다.

우리는 보통 진리가 승리한다고 믿습니다. 그러나 인류는 진리보다는 허구적인 신화를 더 믿는 경향이 있지요. 사실 진리는 우리에게 아무런 위로도 되지 않는 황량한 것일 때가 많기 때문입니다. 과학이 드러내는 세계는 모든 것이 아무런 의미도 목표도 없이 인과적인 법칙에 따라서 움직이는 세계입니다.

우리도 궁극적으로는 원자들의 집합에 불과하고 이 집합이 해체되면 우리도 사라집니다. 구름은 수증기들이 모였다가 사라지는 현상에 불과합니다. 이처럼 인간 역시 원자들이나 세포가 일시적으로 모였다가 분산되는 것에 지나지 않습니다.

그러나 우리는 과학이 드러내는 세계의 이러한 모습에 공포를 느낍니다. 우리는 죽음과 함께 자신이 사라진다는 사실을 받아들일 수 없습니다. 죽음 이후에도 영속하는 영혼이 존재한다고 믿고 싶어 하지요. 따라서 현세에서 신의 말씀에 따라서 살면 신이 우리의 영혼을 천국에서 살게 할 거라고 믿고 싶어 합니다.

과학이 발달한 오늘날에도 과학자들을 포함해 많은 사람이 여전히 종교를 믿습니다. 왜일까요? 과학이 드러내는 세계를 그대로 받아들이기 힘들어서일 겁니다.

저는 그리스신화가 허구인 것처럼 기독교나 이슬람교도 허구라고 생각합니다. 우리가 기도하면 들어준다는 인격신도 우리가 앞서 살펴본 것처럼 인간중심주의적인 사고방식에 불과합니다. 이 신은 인간의 기도에는 열심히 귀를 기울이지만 동물에 대해서는 아무런 관심이 없기 때문입니다. 물론 그것들이 허구이므로 우리 삶에 아무런 의미도 갖지 않는다는 것은 아닙니다. 사람들이 진리보다 오히려 허구에서 큰 위로를 받을 수도 있기 때문이지요.

오늘날 기독교나 이슬람교를 믿지 않는 사람들은 자신들이 아무런 허구도 믿지 않는다고 생각할지도 모릅니다. 하지만 우리의 생각과 행동을 규정하는 것에는 여전히 진리보다는 허구적 신화에 가까운 것들이 많습니다.

수많은 독일 사람이 나치즘의 승리를 위해서 자신을 희생했지만, 나치즘 역시 허구적인 종교에 가까운 것이었습니다. 나치즘은 히틀러를 신처럼 숭배했고 히틀러가 영도(앞장서서 이

끌고 지도함)하는 독일 민족이 인류를 구원한다고 믿었습니다. 북한에서는 김정은이 신의 역할을 맡고 있습니다. 북한에서 지배하는 신화는 김정은의 위대한 영도 아래 북한 사람들은 천국에서 살고 있다는 신화입니다. 북한에서는 이러한 신화를 어릴 적부터 사람들에게 세뇌합니다. 그 결과 많은 북한 사람이 이러한 신화를 진리라고 믿고 있습니다.

함께 생각하기

인간중심주의는 인간을 세계의 중심으로 여기는 사상입니다. 그렇다면 인간중심주의 때문에 생겨나는 문제들이나 피해를 보는 존재들이 있지 않을까요? 어떤 문제들이 생겨나며 어떤 존재들이 피해를 볼지 함께 생각해봅시다.

사해동포주의라는 이념은
신화일까요, 진리일까요?

모든 인간은 성별이나 피부색과 상관없이 동등한 존엄성을 지 닙니다. 우리는 이러한 사해동포주의적인 이념을 당연한 진리 로 여깁니다. 과거 인류는 오랫동안 사해동포주의를 터무니없 는 이념으로 생각해 배척해왔습니다. 자기 민족이나 인종만이 우월하다고 믿었던 것이지요. 같은 민족이나 인종 안에도 고귀 한 신분과 천한 신분이 있다고 믿었습니다.

그렇다면 지금은 다를까요? 사실 사해동포주의는 여전히 이 상적인 이념일 뿐 완전한 현실이 되지는 못했습니다. 오늘날에 도 인류는 전쟁을 벌이면서 상대 민족을 악마처럼 여깁니다. 그 럼에도 오늘날 우리는 사해동포주의는 허구가 아니라 우리가 추구하고 실현해야 할 진리라고 생각합니다.

사해동포주의 이념은 과연 진리일까요, 아니면 신화일까요? 이러한 이념은 다른 종교적인 신화와 마찬가지로 과학에 의해서 증명될 수 없습니다. 과학은 인간이 고귀한 존재라고 보지 않습니다. 앞서 말했듯 다른 모든 물질과 마찬가지로 인과법칙에 따라서 모였다가 해체되는 존재라고 볼 뿐이지요.

그러면 이러한 이념이 진리라는 것은 어떻게 입증될까요? 모든 인간은 고귀한 존엄성을 갖는다고 말할 때 그러한 고귀한 존엄성은 우리가 눈으로 볼 수 있는 감각적인 성질의 것이 아닙니다. 따라서 그것은 과학으로 입증될 수 없습니다. 과학으로 입증될 수 없으니 이러한 이념은 허구인 걸까요?

에리히 프롬은 사해동포주의 이념을 허구가 아닌 진실이라고 보았습니다. 우리는 앞서 인간에게는 보편적인 양심이라는 것이 존재한다는 사실을 살펴보았지요. 보편적인 양심은 다른 사람이나 다른 동물의 입장에서 생각해볼 수 있는 능력입니다. 에리히 프롬은 이러한 능력이 누구에게나 존재한다고 말합니다. 흉악한 범죄를 저지른 사람에게도 이러한 보편적인 양심이 잠재되어 있다고 보는 겁니다.

인간을 비롯한 모든 생명이 고귀하다는 것은 과학적 지성의 눈으로 확인한 사실이 아닙니다. 보편적인 양심의 눈에 의해 드러난 사실입니다. 이러한 양심이 살아 있는 인간에게는 모든 생명이 고귀한 것으로 보입니다. 그러나 양심이 죽어버린 인간에게는 모든 생명이 자신의 욕망을 충족시키기 위해 사용할 수단과 도구로만 보일 뿐이지요.

프롬은 인간에게는 이러한 보편적인 양심을 실현하고 싶어 하는 욕망이 있다고 보았습니다. 이러한 욕망을 실현하지 못할 때 인간은 무의식적으로든 의식적으로든 죄책감을 느낍니다. 나아가 고독감과 무력감 그리고 허무감을 느끼게 됩니다. 보편적인 양심에 따르는 사랑을 실현할 경우에만 우리는 고독감과 무력감 그리고 허무감에서 궁극적으로 벗어날 수 있습니다.

진정한 의미의 사랑은 각자의 개성을 유지하면서 다른 사람과 결합하는 것입니다. 이러한 사랑을 할 경우 두 사람은 하나가 되면서 동시에 둘로 남아 있습니다. 참된 사랑을 구성하는 요소들에는 무엇이 있을까요?

첫 번째 요소는 사랑하는 자의 생명과 성장에 '적극적인 관심'을 갖는 겁니다. 이러한 보호와 관심에는 사랑의 두 번째 요소인 '책임'이 포함되어 있어요. 책임은 다른 인간의 잘잘못을 함께 책임지려는 태도입니다. 사랑의 세 번째 요소는 '존중'이지요. 이것이 없으면 책임은 쉽게 지배와 소유로 타락합니다. 예를 들어 우리는 상대방을 배려한다고 하면서도 상대방의 의사를 존중하지 않고 자기 생각을 상대방에게 강요할 수 있습니다.

존중한다는 것은 어떤 사람의 독특한 개성을 통찰하고 인정하는 겁니다. 존중은 다른 사람이 그 자신으로서 성장하고 발달하기를 바라는 관심이지요. 따라서 상대방에 대한 애정뿐 아니라 상대방의 장단점을 통찰할 수 있는 지혜까지 있어야 합니다.

상대방에 대한 진정한 존중은 상대방의 뜻을 다 받아들여주는 것이 아닙니다. 진정한 존중은 상대방의 왜곡된 심성과 그 원인을 통찰하고 상대방이 그러한 심성에서 벗어나게 도와주는 것까지를 포함하는 태도입니다.

 함께 생각하기

가까운 친구나 사랑하는 가족이 범죄를 저질렀다고 생각해봅시다. 이럴 때 그 사람을 정말 사랑하고 존중한다면 어떤 선택을 해야 할까요?

좋은 종교와 나쁜 종교는
어떻게 다른가요?

사람들과 종교에 대해서 이야기를 나눌 때가 있지요? 그럴 때 우리는 보통 신이 있는지 없는지, 천국이나 지옥이 있는지 없는지를 중심으로 이야기합니다. 그러나 에리히 프롬은 우리가 종교에 대해서 완전히 다른 방식으로 이야기해야 한다고 말합니다. 프롬에 따르면 어떤 종교가 참된 종교인지 아닌지를 구별할 수 있는 기준은 '그 종교를 믿음으로써 우리가 어떤 인간이 되는가'입니다.

이러한 기준은 니체가 종교에 대해서 이야기하는 기준과 비슷합니다. 니체 역시 종교에서 중요한 것은 '그 종교가 인간을 정신적으로 병들고 허약한 인간으로 만드는가 아니면 강건한 인간으로 만드는가'라고 보았습니다. 풀어서 설명하면 종교 자체보다 그것을 믿는 사람이 종교에서 어떤 영향을 받고, 어떻게 변화하느냐가 중요하다는 의미입니다. 종교는 종교 자체로 의미를 갖는 게 아니라 그것을 믿고 행하는 사람들을 통해 의미를 갖습니다.

프롬은 인류에게 사랑의 능력을 불러일으키는 종교가 있고 그렇지 않은 종교가 있다고 보았습니다. 그리고 사랑의 능력을 불러일으키는 종교를 인본주의적 종교라고 했습니다. 그렇지 않은 종교는 권위주의적 종교라고 했지요. 인본주의적 종교는, 인류는 모두 존엄하며 다른 모든 인간을 제 몸처럼 사랑하라고 가르칩니다.

이런 점에서 볼 때 사랑과 자비를 가르치는 기독교와 불교는 인본주의적 종교의 대표적인 예라 할 수 있습니다. 예수도 어려운 이웃을 돕는 것이 신을 섬기는 것이라고 말했지요. 부처 역시 인간뿐 아니라 다른 생명을 존중하면서 자애롭게 대해야 한다고 가르칩니다.

인본주의적 종교는 이렇게 인간이 사랑의 능력을 구현할 것을 촉구(재촉하여 요구함)하는 종교입니다. 반대로 권위주의적 종교는 어떤 특정한 교리(동시에 불합리한 교리)에 대한 믿음과 특정한 예식체계에 대한 참여를 가장 중요한 것으로 생각합니다.

기독교 교리에는 인본주의적 종교의 성격과 권위주의적 종교의 성격이 혼합되어 있습니다. 기독교는 '하느님은 무조건적인 사랑의 하느님'이라고 가르치지요. 이러한 가르침은 우리도 하느님처럼 그 어떠한 조건도 따지지 않고 모든 사람을 사랑하라고 합니다. 다시 말해 인본주의적 가르침입니다. 이러한 가르침에 따라 하느님처럼 무조건적인 사랑을 실현하려고 노력할 때 우리는 사랑으로 충만해지고 성숙하고 건강한 인격체로 성장합니다.

그러나 기독교의 교리에는 예수를 하느님의 독생자이자 하느님 자신이라고 믿어야 한다는 교리도 있습니다. 그리고 이러한 교리를 믿지 않으면 죽어서 지옥에 떨어질 것이라며 공포심을 불어넣습니다. 이러한 교리는 권위주의적 교리입니다. 우리가 이러한 교리를 믿는다고 해서 사랑에 더욱 충만하고 건강한 인격이 되지는 않기 때문이지요. 오히려 목사나 신부들의 가르침을 무비판적으로 받아들이고 다른 종교를 이단으로 취급하는 오만하고 독선적인 사람이 될 가능성이 높습니다.

내가 열심히 기도하면
신이 모든 걸 들어주실까요?

많은 사람이 여전히 인격신의 존재를 믿습니다. 인격신이란 무엇일까요? 우리가 열심히 기도하면 우리의 기도를 들어주는 신이 바로 인격신입니다. 저 역시 어릴 적에는 그런 신의 존재를 믿었습니다. 그리고 천국과 지옥이 있다고 믿었죠. 혹시 잘못을 저지른 탓에 죽어서 지옥에 갈까 봐 두려워하기도 했습니다.

초등학생 시절까지 저는 어머니가 다니시는 절을 다녔기 때문에 부처님에게 기도했습니다. 그런데 중학교에 다니면서부터는 부처님이 아니라 예수님에게 기도했습니다. 제가 다니는 중학교가 기독교 학교였기 때문이지요. 매주 전체 학생이 참석

해야 하는 예배가 있었고 일요일에는 교회에 나가는 것이 거의 의무였습니다.

어쨌든 저도 초등학생과 중학생일 때는 부처든 여호와든 열심히 인격신을 믿었습니다. 중간고사나 기말고사가 닥치면 시험을 잘 치를 수 있게 해달라고 간절히 기도를 했지요. 그러다 고등학교에 들어가서는 이러한 신들에 대한 믿음을 잃었습니다. 그런 신들이 존재한다는 증거도 없었을뿐더러 그런 신들에게 기도한 효과가 있다는 확신도 갖기 힘들었기 때문입니다. 학교 성적은 제가 열심히 기도할 때나 기도하지 않을 때나 별 차이가 없었으니까요.

앞서 인격신이 존재하는지 아닌지는 중요한 것이 아니라고 말했습니다. 이러한 인격신을 어떤 존재로 생각하느냐가 더 중요합니다. 인격신을 모든 인간과 모든 생명을 아무런 조건 없이 사랑하는 신으로 생각할 수도 있습니다. 아니면 자신을 신으로 믿는 사람들만 천국으로 받아들이겠다고 협박하는 편협한 신으로 생각할 수도 있지요.

후자의 인격신은 아무런 조건 없이 사랑하는 하느님이 아닙니다. 이 하느님은 자신을 믿는 자들만을 구원하겠다는 조건적인 사랑의 하느님입니다.

사람들이 무조건적인 사랑의 하느님을 닮으려고 할수록 무조건적인 사랑을 실천할 테고 세상은 더 좋아질 겁니다. 그러나 사람들이 자기 종교의 특정한 교리를 신봉하는 사람들만 하느님의 구원을 받을 수 있다고 믿는다면 어떻게 될까요? 그러면 종교들 사이의 갈등과 투쟁은 불가피한 것이 됩니다. 이때 사람들은 다른 종교가 사람들을 구원의 길에서 벗어나게 한다고 봅니다. 즉 사탄의 종교로 보면서 제거하려 들겠지요.

인류는 여전히 종교 갈등과 분쟁에 시달리고 있습니다. 이는 오늘날의 세계에서도 여전히 프롬이 말하는 인본주의적 종교보다는 권위주의적 종교가 더 강하게 지배하고 있다는 사실을 보여줍니다.

함께 생각하기

역사적으로 살펴보면 전쟁 중에서도 종교전쟁이 가장 잔혹했다고 합니다. 사랑과 관용이 바탕이 되어야 할 종교가 전쟁으로 치달은 이유는 무엇일까요? 그리고 종교전쟁이 그토록 잔혹했던 것은 왜일까요?

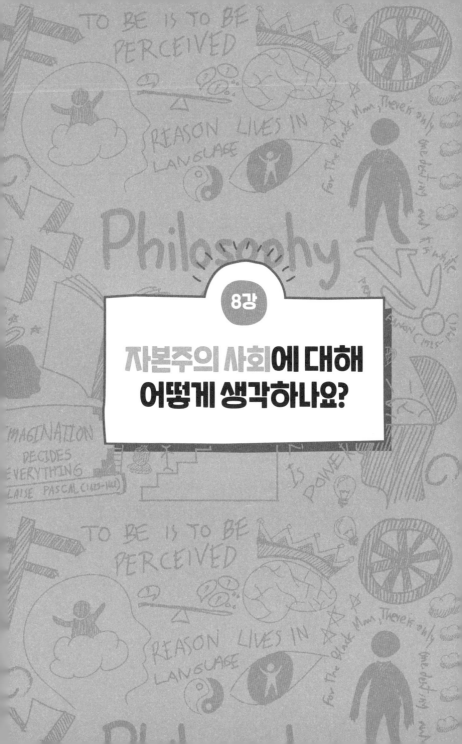

8강

자본주의 사회에 대해
어떻게 생각하나요?

자본주의 사회에서는
모든 것이 사고팔리나요?

우리가 사는 사회는 자본주의 사회라고 불립니다. 자본주의 사회는 사유재산이 인정되고 사람들이 자유롭게 경제활동을 하는 사회입니다. 사유재산이란 그것을 소유하는 사람이 마음대로 사용할 수 있는 재산이죠. 자본주의 사회에서는 자신의 재산을 자식에게 상속해줄 수도 있고 사업을 하기 위해서 사용할 수도 있습니다. 또는 도박이나 유흥으로 탕진할 수도 있겠지요.

자본주의 사회와 대립되는 것은 사회주의 사회입니다. 사회주의 사회에서는 개인 재산의 상속은 인정되지 않습니다. 국가가 경제를 계획하고 관리하기 때문이지요. 따라서 사회주의 사회에서는 개인사업을 하고 싶어도 할 수 없습니다.

"자본주의 사회에서는 돈이 최고다."라든가 "자본주의 사회라 빈부격차가 심하다."라는 이야기를 종종 들어보았을 겁니다. 여러분은 우리가 살고 있는 자본주의 사회에 대해서 어떻게 생각하나요?

자본주의 사회가 갖고 있는 특성, 특히 다른 사회들과 다른 점을 가장 잘 드러낸 철학자는 카를 마르크스Karl Heinrich Marx입니다. 마르크스는 자본주의를 '보편적인 상품시장경제'라고 규정했습니다. 저는 자본주의 사회에 대한 마르크스의 주장과 분석을 다 받아들이지는 않습니다. 하지만 자본주의에 대한 마르크스의 이러한 규정은 정확하다고 생각합니다.

자본주의 사회에서는 거의 모든 것이 사고팔리는 상품이 됩니다. 심지어 인간의 노동력까지 사고팔리지요. 자본주의 이전의 사회에서 인간의 노동력은 사고팔리는 것이 아니었습니다. 고대 노예제 사회는 어땠을까요? 노예는 태어날 때부터 자신이 섬겨야 하는 주인이 정해져 있습니다. 주인이 마음에 들지 않는다고 해서 노예가 마음대로 다른 주인에게 자신의 노동력을 팔 수는 없었지요. 이는 서양 중세 시대의 농노들이나 조선 시대의 하인들도 마찬가지였어요.

그러나 자본주의 사회는 다릅니다. 자신이 일하는 회사를 바꿀 수 있습니다. 어떤 사장이 더 많은 임금을 준다거나 직원들을 더 인간적으로 대한다면 그곳으로 옮길 수 있지요. 달리 말하면 자기 노동력의 가치를 더 인정해주는 사람에게 팔거나 혹은 더 비싼 가격을 제시하는 사람에게 팔 수 있다는 뜻입니다.

자본주의 사회는
비인간적인 사회일까요?

자본주의 사회에서는 인간의 노동력까지 사고판다는 마르크스의 말에는 숨은 뜻이 있습니다. 그는 이 말을 통해 자본주의 사회의 비인간성을 폭로하고 싶어 했습니다.

인간의 노동력이 다른 상품들과 마찬가지로 상품처럼 취급된다고 하니 어떤 생각이 드나요? 대개는 그것을 비인간적인 현상으로 여기기 쉽습니다. 상품은 우리가 필요할 때는 계속해서 사용하지만 더 이상 필요하지 않으면 폐기합니다. 이와 마찬가지로 자본주의 사회에서는 어떤 직원이 그 회사에 필요하면 계속 고용하지만 그렇지 않으면 해고합니다. 바로 이 점 때문에 마르크스는 자본주의 사회를 비인간적인 사회라고 봅니다.

또한 자본주의 사회는 치열한 경쟁사회라는 점에서 비인간적이고 비정한 사회라고 볼 수 있습니다. 자본주의 사회에서는 다들 부자가 되고 싶어 하지요. 높은 연봉과 좋은 대우를 받는 회사에 취직하기 위해서 사람들은 치열한 경쟁을 벌입니다. 물론 여러분은 취업시장에서 자신의 몸값을 올리는 것만을 목적으로 공부하지는 않을 겁니다. 그러나 여러분의 의도가 어떻든 간에 여러분은 취업시장에서 냉정하게 평가를 받습니다.

예를 들어 지금 우리 사회에서는 의사나 컴퓨터 공학을 공부한 사람들에 대한 수요가 높습니다. 그들은 높은 임금을 주는 병원이나 기업에 어렵지 않게 취업합니다. 그러나 인문학을 전공한 사람들에 대한 수요는 그다지 높지 않은 편이지요. 그래서 좋은 회사에 취업하기가 쉽지 않습니다.

더 나아가 자본주의 사회에서는 사유재산의 상속이 인정되기 때문에 사람들의 운명이 태어나면서부터 결정되어 있을 수 있습니다. 재벌의 자식으로 태어나 엄청난 재산을 물려받는 사람과 부모 없는 고아로 자란 사람의 운명은 큰 차이를 보이겠지요. 출발선부터가 다르니까요.

재벌의 자식은 좋은 교육을 받을 겁니다. 부모는 물론이고 주위에 자신을 도와줄 사람 역시 많겠지요. 이에 반해 고아로 자란 사람은 어떨까요? 교육도 제대로 받기 힘들고 주변에 도와줄 사람들도 별로 없겠지요. 어떤 사람은 임대료가 높은 빌딩을 상속받아 일하지 않고서도 큰돈을 법니다. 그리고 그 돈을 주식이나 빌딩 등을 사는 데 투자해 더 큰 돈을 벌 수 있지요. 이에 반해 어떤 사람은 가난한 집안에서 태어나 아무리 열심히 노동해도 겨우 생계를 유지할 정도의 돈만 버는 데 그칠 수 있습니다.

그 결과 이른바 부익부 빈익빈이라는 현상, 즉 부자는 더욱 부자가 되고 가난한 사람은 더욱 가난한 사람이 되는 현상이 일어납니다.

모두 천사가 되어야만
공산주의 사회가 가능할까요?

가장 이상적인 사회는 마르크스가 생각하는 것처럼 '능력에 따라서 일하고 필요에 따라서 갖는' 공산주의 사회일 겁니다. 이러한 공산주의 사회는 천사들이 사는 사회입니다.

능력이 뛰어나서 다른 사람보다 몇 배의 성과를 내어 많은 보상을 받는 사람이 있다고 해봅시다. 그런데 이 사람은 가족이 없어서 그리 많은 것이 필요하지 않습니다. 그래서 자신보다 성과를 적게 낸 사람이지만 가족이 여러 명이라 많은 것을 필요로 하는 사람이 있다면 그 사람에게 기꺼이 양보합니다. 이런 사회가 공산주의 사회입니다.

저도 젊은 시절에는 이런 사회가 가능할 거라 믿은 적이 있습니다. 저뿐 아니라 동유럽 사회주의나 북한 사회주의를 건설하는 데 앞장섰던 사람들도 그렇게 생각했습니다. 그들 역시 궁극적으로는 마르크스가 말하는 공산주의 사회를 실현하고 싶어 했지요.

그러나 사회주의 사회는 소수의 새로운 지배계급이 다수를 약탈하는 사회로 전락(아래로 굴러떨어짐)하고 말았습니다. 그뿐 아닙니다. 사회주의 사회에서는 모든 사람이 아무리 열심히 일해도 열심히 일하지 않은 사람과 똑같은 보상을 받았습니다. 그러다 보니 결국 모든 사람이 게으름을 피우는 사회가 되고 말았지요.

그래서 어떻게 되었을까요? 결국 사회주의 사회도 중국이나 베트남의 경우처럼 자본주의체제를 도입했습니다. 그렇지 않은 경우에는 동유럽 사회주의처럼 무너질 수밖에 없었지요. 혹은 북한처럼 조선 시대 왕조사회와 비슷한 사회가 되고 말았습니다.

이런 사실을 고려해볼 때 자본주의 사회를 어떤 비현실적인 이상사회를 기준으로 평가할 수는 없다고 생각합니다. 오히려 역사상 나타났던 사회들과 자본주의 사회를 비교하는 방식으로 평가해야 할 겁니다. 물론 그렇다고 해서 자본주의 사회가 다른 사회 형태에 비해 무조건 우월하다는 뜻은 아닙니다.

자본주의 사회에도 여러 형태가 있습니다. 마르크스가 비인간적으로 평가했던 자본주의는 지금의 자본주의와는 사뭇 다릅니다. 네 살밖에 되지 않은 아이들마저 탄광에서 석탄을 캐게 하는 19세기 중반의 자본주의였습니다. 비인간적이고 문제가 많은 자본주의 사회였지요. 그동안 서유럽 자본주의는 많은 개혁을 통해서 보다 인간적이고 따뜻한 자본주의로 변모했습니다.

저는 우리나라의 자본주의도 예전에 비하면 훨씬 좋아졌다고 생각합니다. 어떤 사람들은 오늘날 한국의 자본주의가 과거보다 훨씬 더 불평등해졌다고 말합니다. 그러나 제가 대학에 다니던 1970년대 후반이나 1980년대 초반까지만 해도 우리나라 고등학교 졸업생의 70퍼센트가 집안이 가난해서 대학에 갈 수 없었습니다.

또한 여자는 남자에 비해 취업 기회가 극히 적었지요. 그래서 딸보다는 아들에게 더 많은 교육을 시켰습니다. 제가 서울대 인문대학에 입학했을 때 여학생 숫자는 채 10명 정도밖에 되지 않았던 것으로 기억합니다. 이에 반해 지금은 고등학교 졸업생 대다수가 대학에 입학합니다. 또한 서울대 인문대학만

해도 여학생 숫자가 남학생보다 더 많습니다. 이런 사실만 두고 보더라도 저는 오늘날 한국의 자본주의는 과거보다 더 좋아졌다고 생각합니다. 물론 아직 개선해야 할 점들도 많지요.

사회주의 사회, 공산주의 사회, 자본주의 사회

자본주의와 공산주의의 차이는 앞서 설명했기 때문에 여러분은 이미 알고 있겠지요. 그렇다면 사회주의와 공산주의의 차이는 무엇일까요? 사실 두 용어는 같은 의미로 사용되기도 합니다. 또한 두 용어를 구별할 경우에도 구별하는 방식이 다양할 수 있습니다. 저는 사회주의와 공산주의의 차이를 아래와 같이 설명하고 싶습니다.

공산주의 사회는 '능력에 따라 일하고 필요에 따라 나누는' 사회입니다. 따라서 공산주의 사회에서는 열심히 일한다고 더 많이 가져가지 않습니다. 열심히 일한 사람이라 해도 자신에게 필요한 것이 적으면, 필요한 것이 더 많은 사람에게 양보합니다. 만일 이러한 사회가 이루어질 수만 있다면 가장 이상적인 사회겠지요.

공산주의 사회에서 사람들은 이미 천사가 되어 있기에 자신이 더 많은 일을 했어도 다른 사람이 더 많이 갖는 것을 인정합니다. 이에 반해 사회주의 사회에서는 사람들이 소유욕을 아직은 온전히 버리지 못했습니다. 따라서 다른 사람이 자신보다 더 많이 갖는 것을 인정하지 않습니다. 사회주의 사회는 모두가 똑같이 일하고 똑같이 나누는 것을 지향합니다. 그러니 자신보다 돈을 더 많이 받는 사람이 있으면 사람들은 질시(시기하여 밉게 봄)를 하겠지요. 따라서 국가는 가능한 한 생산물을 평등하게 나누려고 합니다.

사회주의 사회는 이렇게 결과의 평등, 즉 모두가 똑같이 나눠 갖는 평등을 추구합니다. 반면 공산주의 사회는 결과의 평등마저도 넘어서려고 하지요. 마르크스주의자들은 사회주의 사회는 최종적으로는 공산주의 사회로 변화되어야 한다고 봅니다. 하지만 결과는 어떤가요? 앞서 말한 것처럼 공산주의 사회는 너무나 이상적인 사회이기에 공산주의가 실현되기도 전에 소련을 비롯한 동유럽 사회주의는 무너지고 말았습니다.

사회주의가 무너진 이유는 결과의 평등을 추구했기 때문이지요. 모두가 똑같이 나누게 된다면, 어떤 사람들은 열심히 일하지 않았는데도 열심히 일한 사람들과 똑같이 받게 되는 사태가 벌어질 수 있습니다. 이렇게 되면 사람들은 결국에는 너도나도 게으름을 피우게 되겠지요. 어차피 열심히 일해도 게으른 사람과 똑같이 받을 테니까요.

사회주의 사회가 결과의 평등을 추구하는 반면 이상적인 자본주의 사회는 기회의 평등을 추구합니다. 게으른 사람이나 열심히 일한 사람이나 똑같이 받게 되는 결과의 평등은 사람들이 열심히 일하려는 노동 의욕을 떨어뜨립니다. 따라서 자본주의 사회는 결과의 평등이 아니라 누구나 동등한 기회를 누릴 수 있는 기회의 평등을 추구하지요.

이상적인 자본주의 사회에서는 모든 사람이 능력만 있으면 대학 교육까지 받을 수 있도록 국가가 책임을 집니다. 고아나 흙수저로 태어난 사람이라도 열심히 공부하는 사람에게는 대학까지 무료로 교육을 받을 수 있게 하는 것이지요. 흙수저로 태어난 사람들도 대학 교육까지 받을 수 있게 함으로써 '금수저'와 동등하게 경쟁할 수 있는 기회를 주는 겁니다.

물론 아무리 이상적인 자본주의 사회라도 상속이 인정되는 한, 기회의 평등을 완전히 실현할 수는 없겠지요. 재벌의 자식으로 태어난 사람과 흙수저로 태어난 사람은 대학 교육까지 똑같이 받더라도 성공할 기회 면에서 분명 차이가 있을 겁니다.

그렇다고 해서 자본주의 사회가 사회주의 사회나 공산주의 사회처럼 사유재산의 상속을 폐지하지는 않습니다. 이것 역시 사람들의 노동 의욕을 크게 떨어뜨릴 것이기 때문입니다.

여러분의 부모님에게 여러분은 눈에 넣어도 아프지 않을 정도로 소중한 존재입니다. 여러분의 부모님이 열심히 일하는 중요한 이유 중 하나는 여러분에게 가능한 많은 재산을 물려주기 위해서지요. 다시 말해 여러분이 힘들지 않게 살아갈 수 있는 기반을 만들어주려는 겁니다. 따라서 상속이 금지되어 자신이 죽은 후에 재산을 국가가 다 가져간다면 어떨까요? 사람들은 죽기 전에 다 쓸 수 있을 정도의 돈만 벌려고 할 테지요. 그 이상은 열심히 일하지 않을 겁니다.

우리나라는 세계에서 상속세가 가장 많은 나라 중의 하나라고 합니다. 사람들은 흔히 사회복지가 아주 잘 되어 있는 스웨덴이나 캐나다 같은 나라가 우리나라보다 상속세가 더 많을 것으로 생각하지요. 그러나 사실은 그렇지 않습니다.

상속세가 많아지면 세금을 내지 않기 위해 부자들이 재산을 해외로 빼돌리거나 상속세가 없는 나라로 이민을 가는 사태가 벌어집니다. 그 결과 국가의 부가 많이 줄겠지요. 따라서 사회복지가 아주 잘 되어 있는 서구의 선진국들도 상속세를 폐지하거나 상속세를 우리나라보다도 적게 책정합니다.

또한 상속세에 대해서 이중으로 세금을 걷는 것 아니냐는 비판도 있습니다. 죽기 전에도 소득세나 재산세 등으로 국가에 이미 세금을 냈는데 죽은 후에도 또 세금을 내게 하는 것은 부당하다는 것이지요.

여러분은 사유재산의 상속과 이러한 비판에 대해 어떻게 생각하나요? 친구들과 함께 토론해보기 바랍니다.

경쟁을 통한 발전은
자본주의 사회의 장점인가요?

앞서 자본주의에도 여러 가지가 있다고 말했습니다. 북유럽이나 서유럽 자본주의는 사회보장이 잘 되어 있지요. 반면 소수의 부자들이 다수의 가난한 사람들을 약탈하는 필리핀이나 남미식 자본주의도 있습니다. 따라서 자본주의 사회라 해도 모두 동일하게 평가할 수는 없습니다.

마르크스는 자본주의 사회에서 부자가 된 사람들은 노동자들을 착취했기 때문에 부자가 될 수 있었다고 보았습니다. 그러나 정말 그럴까요? 노동자들을 착취하기만 하면 부자가 되고 자본가로 성공할 수 있을까요?

현실은 그렇지 않습니다. 자본주의 사회에서는 좋은 일자리를 둘러싼 노동자들 사이의 경쟁도 치열하지만, 기업가들 사이의 경쟁도 치열합니다. 따라서 기업가로 살아남는 것도 쉽지 않습니다.

이런 말을 들어본 적이 있을 겁니다. "봉급쟁이가 최고야." 이는 자본가로 성공하기가 그만큼 쉽지 않다는 뜻입니다. 오죽하면 부모가 물려준 유산을 가장 빨리 탕진하는 방법은 사업을 하는 것이고, 그다음은 도박을 하는 것이라는 말도 있지요. 덜컥 사업을 벌였다가 망해서 먹고사는 것도 힘들게 되었다는 사람들의 이야기 역시 들어보았을 겁니다. 기술개발도 하지 않고 노동자들을 착취하는 것만으로 자본가로 성공할 수 있다면, 악랄한 사람이라면 누구나 자본가로 성공했을 겁니다. 하지만 현실은 그렇지 않지요.

그러면 자본가로 성공한 사람들은 어떤 사람들일까요? 노동자들을 가장 악랄하게 착취하는 사람보다는 끊임없이 기술개발에 힘쓰는 사람이겠지요. 루트비히 미제스Ludwig von Mises라는 경제학자는 마르크스와는 달리 자본주의를 인류 역사상 가장 훌륭한 사회체제로 보았습니다. 미제스는 대중에게 가장 열심히 봉사하는 기업가가 성공한다고 말했지요. 사실 성공한 대기업은 대중의 필요와 욕구를 가장 잘 만족시켜주는 기업입니다.

성공한 기업가가 되려면 대중의 필요와 욕구를 간파하고 그것이 어떻게 변하는지를 잘 파악해야 합니다. 그리고 그것을 효과적으로 충족시켜주는 상품을 만들어야 하고요.

자본주의 사회 이전의 사회체제에서 부자들은 노예를 비롯해 농노나 하인들의 노동력을 착취해 부자가 되었습니다. 이에 반해 자본주의 사회에서 부자가 되려면 대중에게 기여해야 합니다. 따라서 자본주의 사회에서는 일부의 사람이 부자가 된다고 해서 다른 사람들이 가난해지는 것이 아닙니다. 부를 이루는 사람들이 늘어나면 오히려 대중의 생활도 더 윤택해집니다.

왜 그런지 살펴봅시다. 제가 초등학생일 때만 해도 텔레비전을 가진 집이 많지 않았습니다. 그래서 보고 싶은 프로그램이 있으면 텔레비전이 있는 친구 집에 가야만 했지요. 그 당시만 해도 텔레비전은 소수의 부자들이나 가질 수 있는 사치품에 가까웠기 때문이에요.

하지만 지금은 어떤가요? 텔레비전 없는 집이 없을 뿐만 아니라 텔레비전의 성능도 훨씬 좋아졌습니다. 텔레비전 수요가 많아지니까 많은 기업이 텔레비전을 만들게 되었습니다. 더 값싸고 질 좋은 제품을 만들기 위해 서로 경쟁한 덕분에 싸고 좋은 제품이 많아졌지요.

미제스는 바로 이런 점을 긍정적으로 평가했습니다. 그래서 자본주의는 부자들이 사람들의 생활을 어떻게 하면 더 편리하게 만들 것인가를 끊임없이 궁리하게 만드는 체제라고 말합니다. 여러분은 자본주의에 대한 마르크스의 분석과 미제스의 분석 중에서 어떤 것이 더 옳다고 생각하나요?

나의 발전이 어떻게
사회의 발전으로 연결되나요?

우리는 앞서 철학의 모든 문제는 결국 '인간이란 어떤 존재인가'라는 문제로 돌아온다는 것을 살펴보았습니다. 우리가 '어떤 사회를 지향할 것인가' 하는 문제도 결국은 인간을 어떻게 보느냐에 따라 달라집니다. 마르크스만 해도 인간을 천사처럼 이상적인 존재로 보았습니다. 인간은 원래 천사 같은 존재인데 자본주의 사회가 끊임없이 사람들 사이의 경쟁을 부추겨 인간의 선한 소질이 발휘될 수 없다는 겁니다. 따라서 자본주의가 무너지고 사람들 사이의 사랑과 협력을 부추기는 사회가 만들어지면 인간의 천사 같은 본성이 실현될 거라고 보았지요.

그러나 인간은 천사도 아니고 악마도 아니라는 사실을 우리는 이미 알고 있습니다. 인간에게는 천사가 될 수 있는 보편적인 양심이 있습니다. 하지만 자신의 이익을 위해 남을 약탈하는 일도 서슴지 않는 악마적 이기심도 있습니다.

천사처럼 사는 사람들은 소수이고, 악마처럼 사는 사람들도 소수입니다. 대다수 사람은 일차적으로는 자신과 자신의 가족을 우선시하지만 동시에 사회 규범과 공공도덕을 존중합니다. 그래서 자신의 이익 추구가 사회에도 도움이 되기를 바랍니다. 자신도 잘 되고 사회도 잘 되기를 바라는 거지요.

저는 개인의 이익 추구가 사회 전체에 도움이 되는 사회야말로 현실적이면서도 이상적인 사회라고 생각합니다. 여러분도 하고 싶은 일, 원하는 일이 있을 테지요. 어떤 사람은 체육인이, 어떤 사람은 예술인이, 어떤 사람은 정치가가, 어떤 사람은 기업가가 되고 싶을 겁니다. 그리고 자신이 하고자 하는 일이 자신에게만 좋은 것이 아니라 사회 전체에도 좋은 일이 되기를 바랄 겁니다.

저는 자신과 자신의 가족을 소중하게 생각하는 자기중심주의가 반드시 나쁜 것은 아니라고 생각합니다. 사람들은 자신과 자신의 가족을 소중히 여기기 때문에 법을 지키고 도덕을 준수하려고 할 수도 있습니다. 자신의 잘못된 행실로 자신과 가족의 명예를 더럽히고 싶지 않은 겁니다. 또한 자신이 그러듯 다른 사람들도 그래 주기를 바라지요. 따라서 저는 자기중심주의가 공동체를 배려하는 마음과 대립한다고 생각하지 않습니다.

애덤 스미스 Adam Smith 역시 자본주의 사회에서는 자신의 이익을 추구하는 것이 공동체 전체에 기여한다고 말했습니다. '자신의 이익을 추구한다'는 애덤 스미스의 말은 온갖 악랄한 수단을 동원해 자신의 이익만을 탐하는 것을 가리키는 게 아닙니다. 공동체의 법과 도덕규범을 존중하면서 자신의 이익을 추구하자는 것이지요. 이상적인 사회에서는 부모의 가난 때문에 배우지 못해서 능력을 발휘할 기회조차 갖지 못하는 일은 없어야 할 겁니다. 이는 그 개인에게도 손실일 뿐 아니라 사회 전체에도 손실입니다. 이런 점에서 보자면 이상적인 자본주의 사회는 모든 사람에게 배움의 기회가 보장되는 사회입니다.

함께 생각하기

자신의 이익 추구가 사회 전체에 도움이 되는 자기중심주의는 필요합니다. 하지만 이것이 지나쳐 오로지 자기 이익만 생각하는 사람이 된다면 문제지요. 이런 경우 어떤 문제들이 생겨나게 될까요?

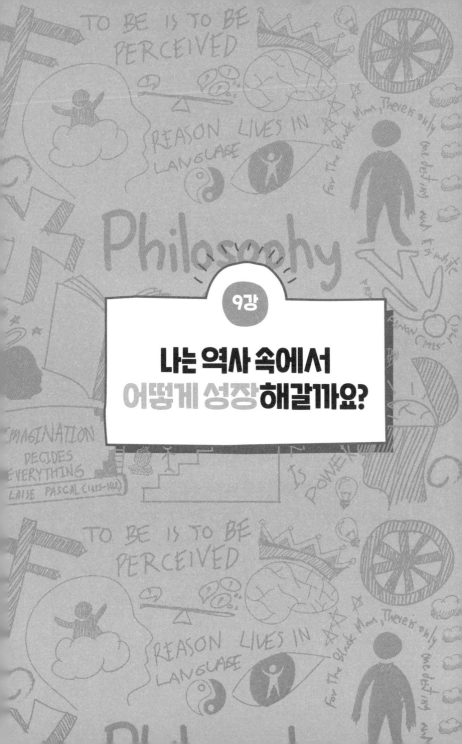

9강

나는 역사 속에서
어떻게 성장해갈까요?

인간을 역사적 존재라고 하는 이유가 궁금해요!

인간은 동물과는 달리 역사적 존재입니다. 역사는 고정되어 있지 않고 끊임없이 변화합니다. 역사박물관 같은 곳에 가보면 인류의 역사가 얼마나 극적으로 변화해왔는지를 더 잘 알 수 있지요. 그래서 인간도 고정되어 있지 않고 변화합니다.

어떤 사람들은 인간의 유전자를 완전히 파악하면 인간을 완벽하게 알 수 있다고 말합니다. 과연 그럴까요? 인간의 유전자와 쥐의 유전자는 99퍼센트가 같지만 인간의 삶의 모습과 쥐의 삶의 모습은 너무나 다릅니다. 같은 인간끼리도 제각기 얼마나 다르던가요. 가족 구성원의 유전자는 거의 100퍼센트 같지만 가족 구성원 각각이 보이는 삶의 모습은 전혀 다릅니다.

그렇다고 해서 인간의 유전자 정보를 아는 것이 인간을 이해하는 데 많은 도움이 된다는 사실을 부정하는 것은 아닙니다. 물론 도움이 됩니다. 다만 인간이 어떤 존재인지를 이해하기 위해서는 유전자를 아는 것만으로는 턱없이 부족하다는 뜻입니다.

어떤 사람을 온전히 이해하기 위해서는 그 사람의 유전자뿐 아니라 그 사람이 어떻게 살고 있는지 그리고 어떤 삶을 살아왔는지를 구체적으로 이해하는 것도 필요합니다. 인류 전체로 넓혀서 봐도 마찬가지입니다. 인류를 이해하기 위해서는 인류가 전개해온 삶의 모습을, 곧 인류의 역사를 이해할 필요가 있습니다.

역사란 무엇인가요? 박물관에 갔을 때를 기억해봅시다. 여러분은 거기서 인류의 역사에 어떤 흐름이 있다고 느꼈나요? 아니면 아무런 흐름도 없이 뒤죽박죽이라고 느꼈나요?

박물관에 가서 보면 보통 구석기 시대의 유물부터 전시되어 있지요. 그러면서 인간의 도구가 어떤 식으로 정교하게 발전하는지 그 과정을 보여줍니다. 이렇게 도구들이 발전해나가는 과정을 보면 인류의 역사는 발전과 진보의 역사라고 볼 수 있을 겁니다.

현대는 과거의 도구와 기술을 토대로 해 그전에는 상상도 할 수 없었던 첨단의 도구와 기술들을 개발했습니다. 그러나 다른 한편으로는 문명이 발달하면서 민족 갈등이나 인종 갈등도 심각해졌습니다. 국가들과 사회 구성원들 사이의 빈부격차도 심해졌습니다. 아울러 심각해지는 지구온난화나 핵무기들의 끊임없는 개발에서 보듯이 인류 전체의 삶은 더욱 위태로워졌습니다. 이러한 사실을 보면 인류의 역사는 오히려 퇴보해가는 것처럼 보이기도 합니다.

　여러분은 이런 점들에 대해 어떻게 생각하나요?

인간의 자유, 상상력, 시간의식은 어떻게 연관될까요?

인간이 역사적 존재인 것은 인간이 시간적인 존재이기 때문입니다. 많은 철학자가 인간의 본질적인 특성을 '시간의식'에서 찾았습니다. 시간의식이란 무엇일까요?

　인간은 과거를 기억하고 미래를 예상할 수 있습니다. 과거를 기억하기에 과거의 실패를 경험 삼아 미래에는 그러한 실패를 겪지 않도록 대비할 수 있지요. 또한 미래를 생각하면서 지금보다 나은 삶을 구상하고 대비할 수 있습니다.

　그러나 우리는 과거를 기억하기에 과거에 겪었던 아픈 사건을 잊지 못합니다. 때로는 과거의 기억에 시달리고 짓눌릴 수도 있어요. 또한 미래를 예상하기에 미래에 닥칠 일에 대한 걱정과 불안으로 시달릴 수도 있습니다. 우리는 다가올 미래를 걱정하지만 사실 우리가 하는 걱정의 90퍼센트 이상이 쓸데없는 걱정이라고 합니다. 이런 사실을 알면서도 미래에 대한 걱정에서 완전히 벗어나기는 힘듭니다.

이와 달리 동물에게는 시간의식이 없습니다. 대부분의 동물은 과거의 일을 기억하지 못하고 미래를 걱정하지도 않습니다. 그 대신 동물은 현재에 빠져 있습니다. 앞서 저는 인간은 동물과 달리 자유가 있으며 상상력을 갖고 있다고 했습니다. 자유와 상상력은 인간을 특징 짓는 본질적인 요소들이기 때문에 시간의식과 밀접한 관련이 있습니다.

상상력은 현재 존재하지 않는 것을 떠올리는 능력입니다. 과거도 미래도 현재에는 존재하지 않는 것이기 때문에 시간의식은 상상력이 없으면 존재할 수 없습니다. 과거에 대한 기억과 미래에 대한 구상도 모두 상상력이 있기에 가능합니다. 그리고 인간에게는 자신이 처한 현재의 조건에 예속되지 않고 그것을 변화시킬 수 있는 자유가 있기 때문에 시간의식도 가질 수 있는 것이지요. 그러한 자유가 없다면 우리는 현재와 다른 미래의 삶을 구상할 수도 없고 과거에 대한 기억을 변화시킬 수도 없습니다.

우리는 흔히 미래는 변화시킬 수 있지만 과거는 변화시킬 수 없다고 생각합니다. 과거는 이미 지나가버렸기 때문에 우리가 바꿀 수 없다는 겁니다. 여러분도 과거에 저질렀던 잘못이나 실수를 바꾸고 싶지만, 그것을 바꿀 수 없다는 사실에 좌절한 적이 있을 거예요. 실제로 우리는 과거의 사실 그 자체는 바꿀 수 없습니다. 하지만 과거의 사실에 대한 해석은 바꿀 수 있습니다.

흙수저 집안에서 태어났다고 해서 모든 사람이 그것을 불행으로만 생각하지는 않습니다. 자신이 금수저 집안에서 태어나지 않고 흙수저 집안에서 태어난 것을 오히려 다행으로 여기는 사람도 있을 수 있습니다. 이런 사람은 훗날 과거를 돌아보며 이렇게 생각하겠지요.

'내가 만약 금수저 집안에서 태어났다면 부모가 물려준 유산만 믿고 게으르고 방탕하게 살 수도 있었을 거야. 그런데 흙수저 집안에서 태어났기 때문에 가난에서 벗어나기 위해 부지런하고 성실하게 살면서 이렇게 성공했지. 단단한 사람이 되었으니 흙수저로 태어난 것이 얼마나 다행인지 몰라.'

이에 반해 어떤 사람은 자신이 흙수저로 태어난 것을 불행이라고 생각하면서 부모를 원망할 수 있습니다. 이런 사람은 어떤 일을 시도한 후 실패하면 그 책임을 자기 자신이 아니라 가난한 부모에게 돌립니다. 물론 이런 사람도 노력해서 성공할 수 있습니다. 그러나 자신의 과거와 부모에 대한 부정적인 생각을 갖고 있기 때문에 과거를 회상하거나 부모를 생각할 때마다 불쾌한 느낌에 사로잡히겠지요.

이렇게 똑같은 과거의 사실이지만 사람마다 얼마든지 해석이 달라질 수 있습니다. 어떤 사람은 자신의 실패를 모두 운이 안 좋았던 과거 탓으로 돌리면서 자신의 과거를 한탄만 합니다. 이에 반해 어떤 이는 사람들이 흔히 불행한 과거라고 할 법한 일도 오히려 긍정적으로 생각하면서 그것에 감사할 수도 있습니다.

과거에 대한 해석과 미래에 대한 태도는 서로 긴밀히 연관되지요. 과거에 대해서 한탄만 하는 사람은 미래에 대해서도 자신감 넘치고 진취적인 태도를 갖기 어렵습니다. 반면 자신의 과거를 긍정하고 감사하는 사람은 미래도 밝게 꾸려나갈 가능성이 높습니다.

우리는 이처럼 과거의 사실을 바꿀 수는 없어도 그것에 대한 해석을 바꿀 수는 있습니다. 이는 인간이 자유롭고 상상력을 갖는 존재이기 때문에 가능한 일입니다. 인간은 자신의 과거와 미래에 대해서 퇴행적인 해석을 하며 자신의 삶을 망쳐버릴 수도 있어요. 반대로 진취적인 생각을 하면서 삶을 활짝 꽃피울 수도 있지요. 이것은 우리의 선택입니다. 이렇듯 자유와 상상력 그리고 시간의식은 서로 긴밀한 연관성을 갖고 있습니다.

자유와 상상력 그리고 시간의식의 관계

자유와 상상력 그리고 시간의식에 관한 이야기는 너무 추상적으로 느껴질지도 모르겠군요. 앞서 저는 인간의 실존적 성격을 잘 보여주는 예로 톨스토이의 소설 『이반 일리치의 죽음』을 소개했습니다. 이 소설은 또한 인간이 갖고 있는 자유와 상상력 그리고 시간의식을 잘 보여줍니다.

이반 일리치는 불치병에 걸리기 전까지는 부나 명예처럼 사람들이 추구하는 가치들을 추구했었지요. 그는 자기 나름대로 자유롭게 살아왔다고 생각했어요. 하지만 그의 삶을 지배했던 것은 사실은 세상 사람들의 가치관이었습니다. 이런 의미에서 그는 자기 삶의 주인이 아니라 세상에 예속되어 살았습니다.

이반 일리치는 불치병에 걸린 후에서야 과거를 되돌아보면서 이러한 사실을 깨닫게 되지요. 그 깨달음과 함께 그는 세상 사람의 가치관에서 벗어나 비로소 자신의 자유를 되찾게 됩니다. 그가 자유를 되찾는 사건은 그가 새로운 삶을 살기로 결심하는 사건이기도 합니다. 이반 일리치가 과거를 반성하면서 미래에 새로운 삶을 살겠다고 결심하는 것이 바로 시간의식입니다.

이는 인간이 상상력을 갖고 있기에 가능합니다. 과거는 이미 지나가버렸으므로 눈앞에 존재하지 않습니다. 미래도 아직 오직 오지 않았으니 눈앞에 존재하지 않지요. 우리가 눈앞의 현실로 지각하지 않는 것을 떠올리는 능력이 상상력입니다.

상상력이 있기에 우리는 자신이 살아온 과거의 삶과 자신이 구현할 미래의 삶을 떠올려볼 수 있습니다. 그리고 우리는 세상 사람들의 가치관에 예속된 상태에서 벗어날 수 있는 자유를 갖게 됩니다. 바로 이 때문에 우리는 자신의 과거를 새롭게 해석하고 미래의 삶을 새롭게 구상할 수 있지요.

자유와 상상력 그리고 시간의식은 서로 떼려야 뗄 수 없는 밀접한 연관성이 있습니다. 사람들은 흔히 인간과 동물의 차이를 인간이 도구를 사용한다든가 동물보다 지능이 더 높다는 데서 찾습니다. 그러나 인간과 동물이 결정적으로 다른 점은 인간이 자유와 상상력 그리고 시간의식을 갖고 있다는 점입니다.

지나온 역사가 없었다면
현재의 내 삶도 없겠지요?

인간이 역사적 존재라는 것은 인간이 단순히 역사를 만들고 변형해나가는 존재라는 의미만은 아닙니다. '역사 속에서' 역사를 만들어간다는 사실도 포함하고 있지요. 역사 속에서 역사를 만든다는 것은 무슨 뜻일까요?

우리는 앞서 인간이 사회적 동물이라는 사실을 살펴보았습니다. 인간이 자신의 삶을 형성해나갈 때 그것은 홀로 고립되어 이루어지지 않습니다. 개인의 삶도 사회 속에서 형성되지요. 따라서 우리는 자신의 삶을 형성해가는 과정에서 사회의 영향을 매우 많이 받습니다.

조선 시대에 살았던 선비들을 예로 들어봅시다. 이율곡과 이퇴계는 조선 시대를 대표하는 선비들이었지만, 이들의 개인적 삶은 서로 달랐습니다. 이율곡은 이조판서나 병조판서, 관찰사 등과 같은 관직들을 적극적으로 맡아 정치나 행정 면에서 많은 업적을 쌓았습니다. 이에 반해 이퇴계는 예조판서 같은 직책도 사양하는 등 관직을 맡는 일에 소극적이었고 주로 학문 연구에 몰두했지요. 하지만 이들 사이에 존재하는 차이는 사회가 인정하는 틀 내에서의 차이입니다. 다시 말해 조선 시대에 선비들이 지켜야 할 법도 내에서의 차이라는 말이지요. 예를 들어 이들은 모두 임금에게 충성하고 부모에게 효도하려고 했습니다.

우리 삶도 마찬가지입니다. 오늘날 부모들은 공부 잘하는 자녀가 있을 경우 대체로 의사가 되기를 바랍니다. 이에 반해 제가 중고등학생이었던 1960년대나 1970년대의 부모들은 자녀가 판사가 되기를 바랐습니다. 저 역시 어렸을 때 부모님에게서 "너는 판사가 되어야 한다."는 말을 끊임없이 들으면서 자랐지요. 그래서 초등학생이던 저는 판사가 제일 훌륭한 직업이라고 생각했습니다.

그런데 그 당시 어느 신문 기사를 보고 깜짝 놀랐지요. 어느 명문 여자대학의 학생들이 결혼하고 싶어 하는 사람들의 직업 순위를 다룬 기사였습니다. 그 기사에 따르면, 1위는 판사가 아니라 성공한 기업가였어요. 가장 좋은 직업은 판사라고 생각했던 초등학생 시절의 저에게는 이해할 수 없는 기사였습니다.

당시의 여대생들이 왜 판사보다 성공한 기업가를 더 좋은 배우자로 생각했는지, 그 이유를 이해하게 된 것은 한참 나중이었습니다. 돈이 사람들의 삶에서 갖는 엄청난 의미를 알게 된 후였지요.

어쨌든 사람들의 삶이라는 것은 이렇게 사회가 정한 가치관의 틀 내에서 움직이기 쉽습니다. 따라서 인간의 자유란 사회를 무시하고 자기 홀로 마음대로 할 수 있는 자유가 아닙니다. 물론 사회적 틀이 인간을 불합리하게 구속하고 인간의 발전을 막는다면 우리는 그것을 바꾸기 위해서 노력해야 합니다. 하지만 이러한 노력 역시 기존 사회에서 이어지던 변혁의 노력을 계승하는 형태로 이루어집니다.

사회의 틀이라고 하지만 한 가지로 확고하게 고정된 틀은 존재하지 않습니다. 조선 시대의 사회적 틀을 형성했던 것은 유교였는데, 여기에도 여러 가지 흐름이 있었어요. 공자 말씀에 충실하자는 유교의 흐름도 있었고, 실학처럼 사람들의 실질적인 삶을 개선하는 데 기여하자는 유교의 흐름도 있었지요.

자본주의 사회에도 역시 다양한 흐름이 존재합니다. 자본주의를 온전히 긍정하는 흐름이 있습니다. 반면 자본주의의 장점을 인정하면서도 그 단점을 극복해나가자는 흐름도 있지요. 또 마르크스주의처럼 자본주의를 송두리째 부정하자는 흐름도 있습니다. 우리가 하나의 사회를 바꾸더라도 이렇게 이미 존재하는 일정한 흐름을 따르면서 바꾸어나가는 것이 보통입니다.

또한 하나의 사회에서는 다양한 세력과 다양한 사상이 서로 대립하기도 하고 서로 결합하기도 합니다. 이 와중에 사회는 한 개인이 예상하고 기대했던 방향과는 다르게 변화해나가는 것이 보통입니다. 이 점에서 개인의 자유는 사회와 역사의 흐름에 따라서 크게 제약을 받습니다.

그렇다고 해서 개인이 사회에 의해 제약만 받는 것은 아닙니다. 우리는 사회 속에서 교육을 받고 많은 사람과 관계를 맺으면서 성숙해집니다. 또한 사회적 제약이나 구속이 항상 잘못된 것은 아닙니다. 다른 사람들에게 피해를 입힌 범죄자들을 처벌하거나 구속하는 일을 생각해보세요. 안전한 사회를 위해 제약과 구속이 필요한 경우도 있습니다. 따라서 인간이 사회에 의해 제약을 받는다고 해서 사회를 무조건 부정적인 것으로 볼 필요는 없습니다.

그런데 우리가 사는 사회는 긴 역사 속에서 형성되어왔습니다. 일부는 과거의 전통을 계승하기도 하고 일부는 전통을 변화시키기도 하면서 형성되어온 것이지요. 이런 점에서 볼 때 인간이 역사적 존재라는 것은 단순히 인간의 역사가 끊임없이 변화한다는 것만을 의미하지는 않습니다. 우리가 사는 사회는 역사 속에서 형성되어온 것이므로 우리의 모든 삶 역시 역사 속에서 이루어집니다.

이러한 사실은 역사나 사회와 상관없이 행해지는 것처럼 보이는 수학적 탐구나 자연과학적 탐구를 포함해 모든 학문에 해당합니다. 아무리 창의적인 수학자나 자연과학자라 하더라도 자기 혼자만의 생각으로 모든 것을 발견하지는 못합니다. 그들 역시 창의적인 수학자가 되기 위해서는 기존의 수학과 자연과학을 연구해야 합니다. 또한 기존의 수학이나 자연과학이 풀지 못한 문제들과 대결하는 방식으로 자신의 이론을 개척하고 발전시켜나가야 합니다.

이는 가장 창의적인 분야로 여겨지는 예술 분야에서도 마찬가지입니다. 새로운 예술사조는 전통적인 예술사조를 연구하고 그것과 대결하면서 발전해나갑니다. 이와 관련해서 한스 게오르크 가다머 Hans Georg Gadamer 는 이런 말을 했지요. "우리는 역사적 전승 속에서 살고 있다."

더 나은 미래 세상을 위해
나에게 주어진 과제는 뭘까요?

우리의 삶이 이렇게 역사적 전승 속에서 이루어진다면 우리가
계승하고 발전시킬 위대한 전통이 있을까요? 아니면 역사적
전통은 모두 고리타분한 것으로 배척해야만 할까요? 카를 야
스퍼스Karl Theodor Jaspers라는 철학자는 우리가 계승하고 발전시
켜야 할 중요한 전통이 있다고 보았습니다. 그는 이러한 전통
이 '차축 시대車軸時代, die Achsenzeit'라는 획기적인 시대를 통해서
이루어졌다고 보았지요.

차축 시대란 사해동포주의라는 이념이 인류 역사상 처음으
로 출현한 시대를 가리킵니다. 이 시대는 기원전 800년 전부터
기원후 200년까지 거의 1000년에 걸친 시대입니다. 1000년

이란 기간은 긴 역사 같지만 구석기 시대 이래 수만 년에 이르는 인류의 역사에 비추어 보면 매우 짧은 기간입니다.

이 시대 이전에 살았던 사람들은 신이 자신의 부족이나 민족만을 특별히 편애한다고 생각했습니다. 그러나 차축 시대에 이르러서는 달라졌지요. 인종이나 민족, 계급이나 성별 등을 따지지 않고 모든 인간을 신이 창조한 고귀한 존재로 보는 종교가 탄생했습니다. 기독교나 이슬람교 같은 종교가 그 대표적인 예입니다.

신을 믿지 않는 종교나 철학도 마찬가지입니다. 인간을 모두 동등한 존엄성을 가진 존재로 보게 되었습니다. 불교나 노자와 장자의 도가道家 같은 철학이 대표적인 예입니다. 더 나아가 불교는 인간뿐 아니라 모든 생물에게 존엄성이 있다고 봅니다.

야스퍼스는 사해동포주의적인 이념과 아울러 살아 있는 모든 것의 고귀한 존엄성을 인정하는 사상이 세계 도처에서 생겨난 시대를 왜 차축 시대라고 불렀을까요? 그것은 인류 역사의 중심축이 되는 시대이기 때문입니다. 야스퍼스는 이 시대를 "그 이전 시대의 목적이고 그 이후 시대의 기원이 된다."라고 했습니다.

우리는 예수나 부처가 세운 사해동포주의의 이념을 아직도 실현하지 못하고 있습니다. 그러나 그들의 이념은 여전히 우리가 지향해야 할 삶의 방향을 제시합니다. 그런데 궁금증이 생기네요. 이들의 이념은 왜 실현되지 못한 것일까요? 그 이유는 광신적인 인종주의와 민족주의 그리고 소수자에 대한 차별 등이 여전히 위세를 떨치고 있기 때문이지요. 그런 것들이 사라지지 않는 한 사해동포주의 이념은 앞으로도 실현되지 못할 겁니다.

그럼에도 이들의 이념은 여전히 우리가 계승해야 할 위대한 것으로 남아 있습니다. 인류는 인종과 민족, 계급이나 성별의 차별을 없애고 서로를 존엄한 존재로 대하는 세계를 이룩해야 합니다. 이것이야말로 우리 모두에게 주어진 과제이지요.

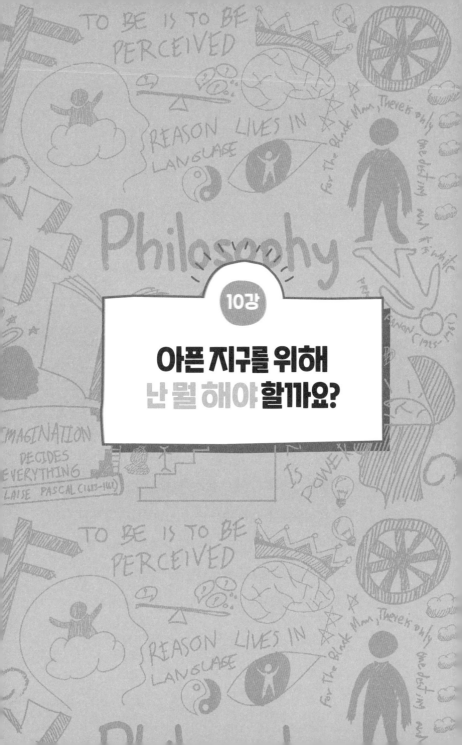

10강

아픈 지구를 위해
난 뭘 해야 할까요?

환경위기가 생겨난
근본적인 원인은 무엇일까요?

기후온난화 때문에 지구가 심각한 위기에 빠져 있다는 이야기는 여러분도 익히 들었을 겁니다. 해수면의 상승, 태풍과 산불의 잦은 발생 등 지구온난화로 인해 생겨나는 자연재해가 날로 늘고 있어요. 그뿐 아닙니다. 코로나19 때문에 모든 인류가 3여 년 동안 고생했지요. 많은 전문가들은 이런 세계적인 규모의 전염병이 기후변화와 밀접한 관련이 있다고 생각합니다.

지구온난화 못지않게 심각한 것은 수많은 생물종이 멸종되고 있다는 점입니다. 20세기의 마지막 10년 동안에는 매년 1만 종이 사라졌다고 하네요. 생물종들이 이렇게 파괴되는 가장 큰 원인은 무엇일까요? 급격한 산업화와 개간 사업 등을 통해 열대림과 습지, 산호초 등이 사라지고 있기 때문입니다. 그리고 온대지방의 삼림 파괴도 주요 원인이고요.

생물종들은 생존을 위해서 서로를 필요로 하는 방식으로 긴밀히 연관되어 있습니다. 따라서 다양한 생물종의 급속한 소멸은 인류의 생존 기반을 위태롭게 할 수 있습니다.

물론 현대에만 환경문제가 있었던 것은 아닙니다. 옛날에도 사람들이 산에서 땔감용으로 나무를 마구 베어가 문제가 되었어요. 나무가 다 베어진 채 민둥산이 된 상태에서 비가 많이 내리면 산사태가 일어났습니다. 또한 강과 거리에 오물을 무분별하게 버려서 주변 환경이 오염되기도 했습니다.

그러나 오늘날 우리가 마주하고 있는 환경위기는 인류의 생존을 위협할 정도로 심각합니다. 따라서 전근대사회에서 나타났던 환경파괴와는 완전히 다른 성격을 갖고 있습니다.

이처럼 환경위기가 인류의 생존을 위협할 정도로 대규모로 일어나고 있다는 사실은 무엇을 말하는 걸까요? 환경위기가 인간의 단순한 실수에서 비롯된 것이 아니라 근대문명 특유의 산물이라는 사실을 의미합니다.

우리가 환경위기를 극복하기 위해서는 근대문명의 본질적인 성격에 대해서 반성하지 않으면 안 됩니다. 근대문명의 본질적인 성격에 대해서 반성한다는 것은 근대문명을 규정하는 인간관과 자연관을 반성한다는 의미입니다. 왜 그런 걸까요? 인간의 삶은 동물의 삶처럼 불변적인 본능에 따라서 결정되는 것이 아닙니다. 시대마다 다르게 나타나는 인간관과 자연관에 따라서 규정됩니다.

근대문명은 어떤 인간관과 자연관을 갖고 있었을까요? 인간을, 자연을 정복하고 지배하는 주체로 보았습니다. 나아가 인간이 과학과 기술을 통해서 자연을 얼마든지 변형시킬 수 있다는 자연관을 갖고 있었지요. 이러한 관점들은 근대문명의 근간이 되어왔습니다.

함께 생각하기

인간의 편의대로 자연을 지배하고 정복해도 된다는 관점은 결국 환경오염이라는 결과를 가져왔습니다. 그렇다면 인간은 자연을 어떤 태도로 대해야 할까요? 인간과 자연의 관계에 대해 생각해봅시다.

'나'라는 존재는 계산 가능한 에너지에 불과한가요?

현대과학은 '자연을 수학적으로 계산될 수 있는 에너지들의 연관체계'로 이해합니다. 그래서 현대과학은 에너지들의 연관 체계를 관통하는 법칙을 발견하는 데 몰두하지요. 그리고 현대기술은 이러한 발견을 이용해 사물들에서 인간이 필요로 하는 에너지를 발굴하고 이용하는 데 몰두합니다. 현대과학에서는 인간도 다른 사물들의 에너지를 발굴하고 이용하는 지적·신체적 에너지로 여겨집니다.

현대 기술문명을 지배하는 이러한 자연관은 근대철학의 창시자인 데카르트가 주장한 자연관에 뿌리를 두고 있습니다. 데카르트는 자연을 '수학적으로 계산될 수 있는 사물'로 보았습니다. 이러한 자연관은 철학에서는 기계론적 자연관이라고 불립니다.

인간의 정신을 뺀 모든 것은 수학적인 방정식을 통해서 파악될 수 있는 필연적인 인과법칙에 따라서 움직인다는 겁니다. 데카르트는 인간 정신의 독자성을 인정했던 반면, 현대과학에서는 인간의 정신마저도 기계와 다르지 않다고 봅니다. 인간의 두뇌는 본질적으로 인공지능과 다르지 않다는 것이지요.

현대과학은 인간을 비롯한 모든 사물을 계산될 수 있는 에너지로 볼 뿐 아니라 얼마든지 다른 것으로 변환될 수 있는 에너지로 봅니다. 예를 들어봅시다. 강물은 일차적으로는 수력에너지로 나타납니다. 하지만 수력에너지는 얼마든지 전기에너지로 변형될 수 있고, 전기에너지는 자동차를 움직이는 동력으로 변형될 수 있습니다.

현대과학에서는 강 같은 무생물뿐 아니라 닭이나 소와 같은 생물도 고유한 삶을 인정받지 못합니다. 닭과 소는 달걀이나 고기를 제공하는 기계와 다를 것 없는 존재로 여겨집니다.

데카르트의 기계론적 자연관

돌과 같은 무생물은 외부의 충격에 의해서 움직입니다. 우리가 돌을 발로 차면 굴러가지요. 그러나 생물은 능동적으로 움직입니다. 예를 들어 식물은 햇빛이나 물을 자신의 영양분으로 변화시키고 스스로의 힘으로 성장합니다. 그리고 동물은 먹이를 찾아서 스스로 움직입니다. 플라톤이나 아리스토텔레스는 생물에게는 영혼이 존재하기 때문에 생물이 이렇게 능동적으로 움직일 수 있다고 보았습니다.

그러나 데카르트는 인간의 정신 이외의 모든 것은 수학적으로 계산될 수 있는 물체에 불과하다고 보았습니다. 따라서 데카르트는 인간의 신체와 동물마저도 수학적으로 계산될 수 있는 물체로 여겼어요. 그리고 모든 물체는 능동적으로 움직이는 것이 아니라 외부의 힘에 의해 수동적으로 움직이는 것으로 인식했습니다. 다시 말해 모든 물체가 기계적인 운동을 한다고 본 것이지요. 기계는 스스로 움직이지 않고 외부의 힘에 의해서 움직입니다. 예를 들어 자동차 바퀴는 엔진에서 생기는 힘에 의해서 움직이고, 세탁기 역시 외부에 존재하는 전력에 의해서 작동합니다.

당시의 많은 의사가 데카르트의 철학을 받아들였습니다. 이들은 인간의 신체나 동물도 아무런 생명도 갖지 못하는 기계와 같은 것으로 보았지요. 이에 따라 이들은 아무런 양심의 가책을 갖지 않고 동물을 무자비하게 해부했습니다.

플라톤이나 아리스토텔레스는 인간뿐 아니라 모든 생물이 독자적인 목적을 추구한다고 보았습니다. 이에 반해 데카르트는 목적을 추구하는 성격을 인간의 정신에만 한정해 인정합니다. 즉 데카르트는 인간의 정신은 진리의 발견이라는 목적을 추구하는 반면, 정신 이외의 모든 것은 어떠한 자체적인 목적도 갖지 않는다고 보았습니다.

데카르트는 자신의 철학이 '인간이 자연의 지배자가 될 수 있는 토대를 마련한다'고 생각했습니다. 인간의 정신은 물체들의 성질이나 운동을 수학적으로 정밀하게 계산함으로써 그것들을 인간의 삶에 유리하게 이용할 수 있지요. 예를 들어 우리는 비의 성질이나 비가 내리는 법칙을 정밀하게 파악함으로써 인공적으로 비를 만들 수 있습니다. 근대의 과학과 기술은 데카르트의 기계론적 자연관에 입각해 자연에 대한 인간의 지배를 강화했습니다. 근대 이전의 사람들은 상상도 하지 못했을 수준으로 말이죠.

데카르트는 인간의 정신을 수학적으로 계산 가능한 물체와는 근본적으로 다른 존재로 보았습니다. 그러나 인간도 다른 모든 생물과 마찬가지로 자연 속에서 태어나 자연 속에서 죽어가는 자연적인 존재자입니다. 따라서 인간에게 존재하는 정신도 자연에서 전적으로 독립해 있지 않으며 자연에 속합니다.

자연을 수학적으로 계산될 수 있는 기계 같은 존재로 보는 견해를 받아들인다면, 인간의 정신만을 특별한 예외로 인정할 수 없지요. 이런 의미에서 인간의 정신까지도 매우 정교한 기계인 인공지능과 본질적으로 같다고 보는 유물론은 데카르트 철학에 의해 준비되었다고 볼 수 있습니다.

데카르트는 자연을 기계와 같은 것으로 보면서 인간이 마음대로 지배해도 좋다고 생각했어요. 데카르트는 자신의 이러한 자연관이 인간의 행복에 기여할 수 있을 거라 여겼지요. 데카르트의 자연관은 자연을 이용하는 인간의 능력을 실로 크게 증대시켰습니다. 그러나 다른 한편으로는 인간이 자연을 함부로 남용함으로써 자연을 파괴하는 결과를 초래했습니다.

멋대로 자연을 지배하고
조작하면 어떤 일이 생기나요?

인간은 다른 동물들처럼 자연 속에서 단순히 살아가지 않습니다. 인간은 자연을 대상으로 그것의 법칙을 파악할 수도 있지요. 그리고 이러한 법칙에 대한 파악을 토대로 자연을 인간에게 유리하게 이용할 수 있습니다. 예를 들어 인간은 쌀이나 밀이 생기고 잘 자라는 법칙을 파악함으로써 쌀이나 밀을 그 이전보다 훨씬 더 많이 생산할 수 있었습니다. 쌀이나 밀을 생산하는 기술이 계속해서 발전함에 따라 굶어 죽는 사람들은 갈수록 줄어들었고 인구는 계속 증가할 수 있었지요.

이 점에서 인간은 자연에 예속되어 있지 않고 자연을 넘어서 있는 존재라고 할 수 있습니다. 그러나 다른 한편으로 인간은 자연 안에서 태어나고 자연 안에서 죽어갑니다. 이처럼 인간은 자연의 일부입니다. 그 때문에 우리가 자연 전체를 지배하려 들면 우리 자신마저도 지배 대상으로 만들 수밖에 없는 아이러니한 상황에 놓입니다.

자연을 현대과학처럼 수학적으로 계산될 수 있는 에너지로 본다면, 역시나 자연에서 태어난 인간도 그렇게 파악할 수밖에 없습니다. 실제로 현대과학에서는 인간도 계산될 수 있는 지적·신체적 에너지로 파악됩니다. 이런 이유로 현대과학에서는 인간의 고유성도 인정되지 않습니다.

인간의 고유성을 인정하기 위해서는 궁극적으로 자연과 인간에 대한 우리의 이해를 변화시켜야만 합니다. 자연 특히 생물들은 인간이 임의로 조작하고 지배할 수 있는 수단적인 대상이 아닙니다. 모든 생물은 독자적인 삶과 고유한 목적을 갖는 존재로 파악되어야 하지요. 모든 생물을 이렇게 파악할 경우에만 생물 중의 하나인 인간도 단순히 계산 가능한 지적·신체적인 에너지가 아니라 고유한 삶과 목적을 가진 존재로 이해될 수 있습니다.

인간을 비롯한 각각의 생물들에게 고유한 삶과 목적이 있음을 인정하는 자연관을 목적론적 자연관이라고 부를 수 있습니다. 목적론적 자연관은 고대 그리스의 자연철학, 특히 아리스토텔레스의 자연철학에서 가장 잘 나타납니다.

목적론적 자연관은 자연적인 운동과 폭력적인 운동을 구별합니다. 자연적이라는 것은 사물들이 추구하는 고유한 삶의 방식, 곧 그것들의 고유한 본성에서 비롯되는 운동이지요. 이에 반해 폭력적이라는 것은 이러한 본성을 거스르는 운동을 말합니다.

예를 들어 닭을 마당에 풀어놓고 키우는 것은 닭의 본성에 부합되는 사육 방식입니다. 자연스러운 사육 방식이지요. 반면 닭을 비좁은 공간에 밀어놓고 움직이지 못하게 하면서 키우는 것은 폭력적인 사육 방식입니다. 부자연스러운 사육 방식이지요.

미래 세대를 위해 지금의 나는
어떤 실천을 해야 할까요?

근대 이전에도 인간은 식물과 동물을 다양한 방법으로 변형시켜왔습니다. 어떤 식물을 다른 식물과 접을 붙이기도 했고, 동물들의 경우 건강한 것들끼리 짝짓기하게 만들기도 했지요. 그러나 현대사회는 동물을 단순히 고깃덩어리로만 보고 있습니다. 동물들이 지닌 고유한 삶의 방식을 무시하는 한편 유전자 조작을 통해서 완전히 변형시키려 합니다.

이러한 시도는 자연과 인간이 공생할 수 있는 토대를 완전히 무너뜨릴 수도 있습니다. 인간은 생물종들을 멸종시킬 수는 있지만 새롭게 창조할 수는 없지요. 따라서 생물종들이 번식하고 유지되기 위한 최소한의 수만큼은 보존해야 합니다. 그것은 후대에 대한 우리의 의무입니다.

우리가 마주한 환경위기를 극복하기 위한 대안들은 지구의 유한성, 세대 간 윤리, 생물의 보호를 핵심으로 하고 있습니다. 그러나 이것들은 근대적인 제도나 윤리에 의해서는 보장될 수 없습니다.

지구는 유한합니다. 이러한 유한성은 지구 한 부분의 파괴가 지구 전체의 위기로 확대되는 사태를 의미합니다. 달리 말하면 환경위기를 극복하기 위해서는 어떤 특정한 국가의 차원을 넘어서 국제적인 규제가 강력히 요구된다는 뜻입니다. 그러기 위해서는 민족국가를 단위로 하는 근대적인 정치·경제체제를 극복해야 합니다.

세대 간 윤리와 관련해서 말해보지요. 환경위기는 현재의 세대가 가해자가 되고 미래 세대가 피해자가 되는 범죄입니다. 우리가 진정으로 후대를 생각한다면 지구 생태계가 35억 년에 걸쳐 모아온 태양에너지가 집적된 석유와 석탄을 불과 수백 년 동안에 모두 사용해버려서는 안 됩니다. 또한 무수한 생물종이 멸종된 황폐한 자연을 후대에게 남겨주는 것은 용납될 수 없는 이기주의입니다. 그러나 오늘날의 법은 현재 살고 있는 사람들만을 고려할 뿐 후대는 고려하지 않습니다.

따라서 환경위기를 극복하려면 근대의 법체계와 윤리체계를 바꿔야 합니다. 생물들을 진정으로 보호하기 위해서는 그것들이 단순히 인간에게 유용하기 때문에 보존하는 차원을 넘어서야 합니다. 우리는 생물들 각각의 고유한 삶과 권리를 인정해야 합니다. 이것이 가능하려면 인간만이 보호해야 할 권리를 소유하는 것으로 보는 근대적인 법체계와 윤리체계를 넘어서야 하지요.

 인간이 근대적인 자연관과 인간관을 넘어서는 동시에 이것들을 토대로 한 정치·경제체제와 법체계 그리고 윤리체계를 넘어선다는 것은 큰 의미가 있습니다. 이것은 단지 인간의 생존을 위해서만 필요한 일이 아닙니다. 인간이 더 인간다운 인간으로 성숙하기 위해서도 필요한 일입니다.

철학이 한 걸음 더 가까이 다가왔나요?

철학은 가장 근본적인 학문입니다

우리는 지금까지 중요한 철학적 문제들 몇 가지를 함께 살펴보았습니다. 철학이란 학문이 어떤 것인지 이제 감이 좀 오나요? 예전보다는 철학이 한 걸음 더 가까이 다가왔나요?

저는 철학을 전문적으로 연구하지 않는 사람들에게서 '철학은 무엇을 하는 학문인가'라는 질문을 종종 받습니다. 사실 철학 이외의 다른 학문들이 무엇을 연구하는지는 그 학문의 이름에서 분명히 드러납니다. 국문학, 국사학, 종교학, 사회학, 정치학, 물리학, 생물학 등등. 대부분의 학문은 그 이름만으로도 무엇에 대해 연구하는지를 이미 알 수 있습니다.

예를 들어 물리학은 물리현상을 탐구하고 생물학은 생물현상을 탐구합니다. 그러면 철학은 무엇을 탐구할까요?

철학 이외의 학문은 자신이 다루는 특정한 영역을 갖고 있는 반면, 철학은 그렇지 않습니다. 철학은 모든 영역을 다 다룹니다. 따라서 개별학문에 대응하는 각각의 철학이 존재합니다. 예를 들어 정치학에 대해서는 정치철학이, 사회학에 대해서는 사회철학이, 역사학에 대해서는 역사철학이, 수학에 대해서는 수리철학이, 물리학에 대해서는 물리철학이, 생물학에 대해서는 생물철학이 존재하지요.

이러한 개별학문들과 철학은 어떤 관계에 있을까요? 개별학문들과 철학에는 어떤 차이가 있을까요? 이것을 알아보기 위해 역사학과 역사철학을 예로 들어 설명해보겠습니다.

역사학과 역사철학의 차이는 무엇일까요? 역사학은 구체적인 역사적 사실을 탐구합니다. 역사라는 영역이 워낙 넓기 때문에 역사는 보통 시대별로 그리고 지역별로 나뉘어서 탐구합니다. 조선 시대를 탐구하는 역사학자가 있겠지요. 조선 시대도 범위가 넓어서 그 학자들 중에서도 조선 초기나 중기 그리고 말기 전문가가 따로 있습니다.

그러면 역사철학은 무엇을 탐구하는 것일까요? 역사철학은 역사 전체를 탐구합니다. 조선사든 중국사든 혹은 서양사든 간에 모든 역사를 아우르는 역사의 본질적 성격을 탐구하는 것이지요. 예를 들어 역사철학은 이런 문제들을 탐구합니다. 역사에는 목표가 있는가 없는가? 역사는 진보하는가 퇴보하는가? 인류의 역사는 자연의 진화과정과는 어떤 차이가 있는가?

역사학이 구체적인 역사적 사건들을 다루는 반면 역사철학은 역사 전체를 문제 삼습니다. 마르크스 같은 철학자는 역사가 원시 공산제에서부터 고대 노예제, 중세 봉건제, 근대 자본주의, 그리고 공산주의 사회로 발전해간다고 봅니다.

마르크스뿐 아니라 근대의 많은 사상가가 '역사란 갈수록 많은 사람의 권리가 인정되어가는 과정'이라고 말합니다. 게오르크 빌헬름 프리드리히 헤겔은 역사가 오직 한 사람만이 자유로웠던 전제군주제 사회에서 소수가 자유로운 귀족제 사회로, 그리고 결국에는 모든 사람이 자유로운 민주주의 사회로 발전해간다고 주장하지요. 이렇게 역사를 어떤 이상적인 사회를 향해서 발전해간다고 보는 역사철학을 '진보사관進步史觀'이라고 합니다.

이에 반해 역사가 퇴보해간다고 보는 역사철학도 있습니다. 예를 들어 니체 같은 사람이 보기에 서양의 역사는 퇴보의 역사입니다. 고대 그리스·로마인들의 강건한 정신이 점점 사라지고 있다는 점에서 퇴락(낡아서 무너짐)한다고 보았지요.

철학자 하이데거에게도 역사는 퇴락의 과정입니다. 사람들이 더는 자연과 교감하지 못한 채 자연을 지배하고 정복하려는 탐욕이 갈수록 커져가는 과정이 인류의 역사라고 본 겁니다.

그러면 역사학과 역사철학은 어떤 관계에 놓여 있을까요? 모든 역사학자는 각자 나름의 역사철학을 갖고 역사를 연구합니다. 마르크스의 역사철학을 수용하는 역사학자는 어떤 시대의 구체적인 역사적인 사건들을 탐구하더라도 마르크스 역사철학의 관점 아래서 탐구하겠지요.

특정한 역사철학을 따르지 않는 역사학자라도 역사가 무엇인지에 대한 자기 나름의 견해를 갖고 있습니다. 그 견해에 따라서 어떤 사건이 역사적으로 중요한지 또는 그렇지 않은지 등을 판단합니다.

이와 함께 역사가가 어떤 역사철학을 갖고 있느냐에 따라서 역사에 대한 해석이 달라집니다. 같은 한국의 역사라도 마르크스의 역사철학을 받아들이느냐 그렇지 않느냐에 따라서 완전히 다르게 해석되겠지요.

이렇게 볼 때 '역사란 무엇인가'를 묻는 역사철학은 역사학의 기초라 할 수 있습니다. 역사학뿐 아니라 모든 개별학문이다 그렇습니다. 물리학만 하더라도 '물리적인 것이란 무엇인가'에 대한 철학적 견해를 바탕으로 합니다. 위대한 물리학자는 '물리적인 것이란 무엇인가'에 대한 새로운 철학적 견해를 세운 사람입니다.

갈릴레오 갈릴레이나 아이작 뉴턴 그리고 알베르트 아인슈타인은 '물리적인 것이 무엇인가'에 대해서 완전히 새로운 견해를 세운 사람들이지요. 이런 점에서 볼 때 이들은 물리학자이기도 하지만 물리철학자이기도 합니다.

이런 위대한 물리학자들 이외의 물리학자들은 어떨까요? 이들은 위대한 물리학자들이 세운 새로운 철학적 견해를 토대로 구체적인 물리현상들을 탐구하는 데 몰두합니다. 뉴턴의 견해가 지배하던 시대에 대부분의 물리학자는 뉴턴의 견해를 당연한 진리로 생각했습니다. 그리고 그것에 의지해 여러 물리현상을 탐구했지요.

뉴턴의 견해에 의문을 품고서 '물리적인 것이란 무엇인가'에 대해서 전적으로 새로운 견해를 세운 사람이 바로 아인슈타인입니다. 이렇듯 어떤 학문의 혁명적인 전환은 그 학문의 토대가 되는 철학의 전환이라고 할 수 있습니다.

개별과학뿐 아니라 우리의 일상적인 삶도 '인생'이나 '행복'

등에 대한 철학적 견해를 바탕으로 하지요. 어떤 사람은 인생이란 '그저 살다가 죽는 것'이라고 생각합니다. 또 어떤 사람은 '인생이란 어떤 의미를 실현하는 것'이라고 생각합니다. 이러한 철학적 견해에 따라서 우리의 삶도 달라집니다.

철학은 가장 비판적인 학문입니다

흔히 철학은 비현실적인 공상을 일삼는 학문으로 여겨집니다. 제가 "대학에 들어가면 철학을 공부하겠습니다."라고 부모님께 말씀드렸을 때 저희 부모님은 어떠셨을까요? 제가 나중에 굶어 죽을까 봐 걱정하셨습니다. 철학은 현실에서 아무런 쓸모가 없는 학문이기에 철학을 하면 밥을 굶기 십상이라는 의미였지요.

우리는 알게 모르게 인간 혹은 행복 등에 대한 특정한 철학적 이해 속에서 살고 있습니다. 그리고 우리는 이제 그 사실을 알고 있지요. 이러한 특정한 철학적 이해가 사람들의 사고와 행동을 규정한다는 점에서 모든 사람은 이미 철학자라고 할 수 있습니다. 이렇게 볼 때 철학만큼 우리의 삶과 가까운 것은 없으며, 우리 삶을 규정하는 것은 없습니다. 이 점에서 저는 철학이야말로 가장 현실적인 학문이라고 생각합니다.

물론 그렇다고 해서 우리가 이미 '철학을 하고 있다'는 것은 아닙니다. 원시인들은 인간과 세계에 대해 신화적인 이해 속에서 살고 있었습니다. 그러나 자신들의 신화를 맹목적으로 믿었을 뿐 그것에 대해 반성하지 않았습니다.

그리스인들은 달랐지요. 그들은 신화에 의문을 품고 인간과 세계에 대한 관찰과 냉철한 사유를 했습니다. 이와 함께 철학이 생겨났습니다. 서양철학의 시조로 꼽히는 탈레스는 만물의 근원은 제우스가 아니라 물이라고 주장하면서 그 근거를 제시했습니다.

이렇게 어떤 근거를 바탕으로 자신의 견해를 제시하고, 또 자신의 견해도 얼마든지 비판받을 수 있다고 생각할 때 학문으로서의 철학이 시작됩니다. 하지만 자신의 견해를 신이 내려주신 계시라고 생각하거나 광신적인 나치 혹은 마르크스주의자처럼 절대적인 진리라고 생각하는 사람들도 있습니다. 이들이 아무리 정교한 논리를 제시해도 이들은 진정으로 철학을 하고 있다고 말할 수 없습니다.

철학은 우리가 자명한(설명 또는 증명하지 않아도 저절로 알 만큼 명백한) 진리라고 생각하는 모든 견해를 비판의 도마 위에 올려놓습니다. 이 점에서 철학은 신화나 독단적인 종교적 이념

그리고 정치적 이념과도 구별됩니다. 사실 철학이야말로 '가장 비판적인' 학문이라고 할 수 있습니다.

철학은 자신이 아무것도 모른다는 것을 아는 것에서 시작합니다

여러분은 "네가 아무것도 모른다는 것을 알라."라는 소크라테스의 말을 아시나요? 이것은 '무지無知의 지知'라고 불리지요.

소크라테스의 친구 한 명이 지혜의 신인 아폴론을 섬기는 델포이 신전을 찾아갔습니다. 거기서 '소크라테스야말로 아테네에서 가장 현명한 자'라는 신탁을 받습니다. 친구의 말을 전해 들은 소크라테스는 그 신탁을 이해할 수 없었지요. 자신은 제대로 아는 것이 없다고 생각했기 때문입니다.

그래서 소크라테스는 아테네에서 사람들이 지혜롭다고 이야기하는 유명한 정치가나 시인을 찾아다니지요. 그러고는 그 사람들에게 자신이 평소에 알고 싶었던 것들을 묻습니다. 예를 들어 '정의가 무엇인지', '행복이 무엇인지'를 물었습니다. 그러나 이들은 소크라테스의 질문에 제대로 답변하지 못합니다. 그러면서도 자신들이 진리를 알고 있다고 생각합니다.

사람들의 이런 태도를 보면서 소크라테스는 아폴론 신이 자신을 왜 가장 현명하다고 말했는지 깨닫게 됩니다. 자신도 그들과 마찬가지로 아무것도 제대로 아는 것이 없지만 적어도 자신은 한 가지 사실만은 확실히 알고 있다는 겁니다. 자신이 아무것도 모른다는 사실을 말이지요.

소크라테스의 말처럼 철학은 '무지의 지'에서부터 시작합니다. 곧 자신이 아무것도 모른다는 것을 아는 것에서부터 시작하는 것이지요. 자신이 이미 절대적인 진리를 알고 있다고 생각하면서 그것을 다른 사람에게 강요한다면, 그 사람은 철학과는 담을 쌓고 있는 겁니다.

철학적 토론이나 철학적 문제들을 연구할 때는 항상 자신이 아무것도 모른다는 생각에서 출발해야 합니다. 다른 사람에게서 배우려는 자세로 임해야 하지요. 이렇게 겸손하고 열린 자세로 임할 때 철학적 토론이나 연구가 재미있어질 겁니다. 그리고 이러한 철학적 토론과 연구를 통해서 우리는 지혜로운 인간으로 성숙할 수 있습니다.

KI신서 10806

이런 철학은 처음이야

1판 1쇄 발행 2023년 3월 15일
1판 2쇄 발행 2024년 8월 31일

지은이 박찬국
펴낸이 김영곤
펴낸곳 ㈜북이십일 21세기북스

서가명강팀장 강지은 **서가명강팀** 강효원 서윤아
디자인 designBIGWAVE **일러스트** 자토
출판마케팅영업본부장 한충희
마케팅1팀 남정한
출판영업팀 최명열 김다운 김도연 권채영
제작팀 이영민 권경민

출판등록 2000년 5월 6일 제406-2003-061호
주소 (10881)경기도 파주시 회동길 201(문발동)
대표전화 031-955-2100 **팩스** 031-955-2151 **이메일** book21@book21.co.kr

㈜북이십일 경계를 허무는 콘텐츠 리더

21세기북스 채널에서 도서 정보와 다양한 영상자료, 이벤트를 만나세요!
페이스북 facebook.com/jiinpill21 **포스트** post.naver.com/21c_editors
인스타그램 instagram.com/jiinpill21 **홈페이지** www.book21.com
유튜브 youtube.com/book21pub

서울대 가지 않아도 들을 수 있는 **명강**의! 〈서가명강〉
유튜브, 네이버, 팟캐스트에서 '서가명강'을 검색해보세요!

ⓒ 박찬국, 2023

ISBN 978-89-509-0602-3 43100